Lehrwerke und ihre Alternativen

KFU
KOLLOQUIUM FREMDSPRACHENUNTERRICHT
Herausgegeben von Gerhard Bach, Volker Raddatz,
Michael Wendt und Wolfgang Zydatiß

BAND 3

PETER LANG
Frankfurt am Main · Berlin · Bern · Bruxelles · New York · Oxford · Wien

Renate Fery
Volker Raddatz
(Hrsg.)

Lehrwerke
und ihre Alternativen

PETER LANG
Europäischer Verlag der Wissenschaften

Die Deutsche Bibliothek - CIP-Einheitsaufnahme

Lehrwerke und ihre Alternativen / Renate Fery ; Volker Raddatz
(Hrsg.). - Frankfurt am Main ; Berlin ; Bern ; Bruxelles ; New
York ; Wien : Lang, 2000
(Kolloquium Fremdsprachenunterricht ; Bd. 3)
ISBN 3-631-36022-3

Die Herausgeber danken
der Universität Bremen für die
Übernahme eines Druckkostenanteils.

Gedruckt auf alterungsbeständigem,
säurefreiem Papier.

ISSN 1437-7829
ISBN 3-631-36022-3
© Peter Lang GmbH
Europäischer Verlag der Wissenschaften
Frankfurt am Main 2000
Alle Rechte vorbehalten.

Das Werk einschließlich aller seiner Teile ist urheberrechtlich
geschützt. Jede Verwertung außerhalb der engen Grenzen des
Urheberrechtsgesetzes ist ohne Zustimmung des Verlages
unzulässig und strafbar. Das gilt insbesondere für
Vervielfältigungen, Übersetzungen, Mikroverfilmungen und die
Einspeicherung und Verarbeitung in elektronischen Systemen.

Printed in Germany 1 2 3 4 6 7

INHALT

Renate Fery / Volker Raddatz:
Vorwort der Herausgeber 7

Michael Wendt:
Einführung in das Thema: Weg vom Lehrbuch? 8

Andreas Nieweler:
Sprachenlernen mit dem Lehrwerk - Thesen zur Lehrbucharbeit im
Fremdsprachenunterricht 13

Werner Bleyhl:
Grundsätzliches zu einem konstruktiven Fremdsprachenlernen und
Anmerkungen zur Frage: Englisch-Anfangsunterricht ohne Lehrbuch? 20

Dagmar Abendroth-Timmer:
Lernziel "interkulturelle Kompetenz" oder: Wie zeitgemäß sind unsere
Lehrwerke? 35

Evelyn Röttger:
Verbindungslinien zwischen fremdsprachendidaktischer und
migrationsbezogener interkultureller Forschung.
Lehrwerkanalyse - interkulturelle Kommunikationsforschung -
Mehrsprachigkeitsmodelle - Fremdsprachenunterricht 46

Christiane Fäcke:
Selbstbild und Fremdbild: Ein Vergleich zweier Texte über die
Frankophonie in den Französisch-Lehrwerken *Découvertes* und *Etapes* 57

Renate Fery:
Kinder- und Jugendliteratur aus Frankreich. Didaktische Überlegungen
zu ihrem Einsatz im Fremdsprachenunterricht 65

Heide Schrader:
Lehrbuch - Lesebuch - Lernroman. Drei Wege zum Lesen in der
Fremdsprache 76

Felicitas Tesch:
Sind die neuen Medien eine Herausforderung für das althergebrachte
Lehrwerk? 86

Antje Malycha:
Neue Lernformen im Englischunterricht. Die Effektivierung des
Spracherwerbs mit externen Speichern 94

Martina Born / Elisabeth Langer / Stefanie Metz / Astrid Reisener:
Ausgewählte Medien für interkulturelles Lernen im Englischunterricht:
Neuere Lehrwerke und Internet 104

Podiumsdiskussion

Werner Bleyhl:
Thesen zum Fremdsprachenunterricht der Zukunft 114

Brigitte C. Wilhelm:
Lehrwerke und ihre Alternativen 117

Rainer Jahn:
Zehn Thesen zur Bedeutung des Lehrwerks im Spanischunterricht 121

Detlev Kahl:
Zehn Thesen zum Umgang mit dem Lehrwerk 125

HINWEISE

Anschriften 129

Hinweise zur Skripterstellung 130

Vorwort der Herausgeber

Der vorliegende Band setzt die Reihe *Kolloquium Fremdsprachenunterricht* mit Beiträgen zum Thema "Lehrwerke und ihre Alternativen" fort. Das Ensemble von Autorinnen und Autoren reflektiert einen Teil des personellen und thematischen Spektrums, das die Veranstaltungen des *Fremdsprachendidaktischen Kolloquiums Berlin-Brandenburg* seit Jahren mit Leben erfüllt. Wir sind allerdings der Meinung, dass die Lehrerschaft sowie die Exponenten der zweiten Ausbildungsphase als signifikante Gruppen in den künftigen KFU-Publikationen ebenso repräsentiert sein sollten wie Vertreter und Vertreterinnen von Hochschulen und Verlagen.

Die Beiträge selbst beziehen ihre Fragestellungen und Gegenstände gleichermaßen aus fächerübergreifenden Reflexionen zur Fremdsprachendidaktik wie aus den didaktisch-methodischen Spezifika des Englischen, Französischen, Spanischen und des Deutschen als Fremdsprache. Dabei repräsentieren sie in ihrer Gesamtheit eine sorgfältig recherchierte, behutsam wertende, in der Podiumsdiskussion gelegentlich auch polemische Auseinandersetzung mit den traditionellen und alternativen Lehr- und Lernmaterialien. Ungeachtet der individuellen Besonderheiten im Mikrokosmos einzelner "Fächer" orientieren sich alle Beiträge am Paradigmenwechsel von instruktivistischem Unterricht zu konstruktivistischem Lernen. Im Zuge dieser konzeptionellen Wende erfolgt eine umfassende Aufwertung der Schüler- gegenüber der Lehrerrolle, der Komplexität gegenüber der Linearität des Lernens, der Prozessualität gegenüber der Produktorientierung sowie der Ganzheitlichkeit des Lernens mit allen Sinnesorganen gegenüber einseitig kognitiven Ansätzen ("Verkopfung"). Nicht zuletzt kreisen die Beiträge um die Frage, wieweit herkömmliche Lehrwerke und ihre modernen Alternativen in der Lage sind, auch das prozedurale Wissen der Schülerinnen und Schüler, d.h. ihre Fähigkeit zum selbstorganisierten Lernen so nachhaltig zu fördern, dass der Fremdsprachenunterricht über die Vermittlung von sprachlichen, literarischen, kulturellen Kenntnissen, Fertigkeiten und Einstellungen hinaus einen Beitrag zur angestrebten Lernerautonomie leisten kann.

Renate Fery   Volker Raddatz

Einführung in das Thema

Weg vom Lehrbuch?

Michael Wendt

"Weg vom Lehrbuch!" lautet der Titel eines Aufsatzes, den Günter Leitzgen 1996 in *französisch heute* veröffentlicht hat. Wenn der Autor auch in erster Linie für eine Unterbrechung kontinuierlicher Lehrbucharbeit durch kreative Aufgaben und vereinfachte Lektüren plädiert, verschreckt der Schlachtruf zunächst. Deshalb wollen wir uns beeilen, die Anpassung an das Thema unseres Kolloquiums zu gewährleisten, indem wir das Ausrufezeichen durch ein Fragezeichen ersetzen: "Weg vom Lehrbuch?"

Die zu Ende gehenden neunziger Jahre lassen sich nicht gerade als *das* Jahrzehnt des Lehrwerks bezeichnen. Gewiss hat es in allen Bereichen Neuerscheinungen gegeben. Um auf dem "Markt", den auch die neuen Bundesländer boten, bestehen zu können, haben die Verlage und ihre Autoren/innen sich bemüht, wenigstens einige aktuelle Forderungen einzulösen, wie vor allem die Vermittlung von Lerntechniken und die Annäherung an eine interkulturelle Perspektive. Die fachliche Diskussion jedoch, so weit sie sich auf Kongressen und in fremdsprachendidaktischen Publikationen niederschlägt, wurde von anderen Themen bestimmt, als da sind: Lerner- und Handlungsorientierung, Projektorientierung, autonomes Lernen, Lernwerkstätten, Lernumgebungen und Lernen mit dem Computer. Das Lehrwerk schien nur insoweit von Interesse, als es galt, von ihm vorstrukturierte Unterrichtsformen und -abläufe zu überwinden. Allerdings können Anmeldungen von Forschungsschwerpunkten in jüngster Zeit als Hinweise darauf gewertet werden, dass das Lehrwerk sowie die mit seinem Einsatz verbundenen Möglichkeiten und Probleme erneut in das fremdsprachendidaktische Blickfeld rücken.

Die analytische und oft recht kritische Beschäftigung mit Lehrwerken begann in den alten Bundesländern Anfang der siebziger Jahre und konnte schon 1973 auf ihre ersten Klassiker verweisen: *Lehrwerkkritik - ein Neuansatz* hieß das erfolgreiche Buch von Heuer und Müller, dem bald ein zweiter Band folgte.

Die Curriculumdiskussion hatte zur Neufassung aller Lehrpläne geführt und auf dem Nährboden der audiovisuellen Methode war das Lehr*buch* - nunmehr von der Hafttafel, vom Sprachlabor und anderen technischen Unterrichtshilfen flankiert - zum Lehr*werk* geworden. Überdies kündigte sich bereits die kommunikative Didaktik an, deren erweiterter Situationsbegriff alle bisherigen Lehrwerkkonzeptionen auf den Kopf stellte. Das heute wieder vertretene Konzept der "offenen Lernsituation" (vgl. Mentz / Rattunde 1997: 72, 75-79) hat hier seine Ursprünge.

Die Komplexität der Lage machte eine veränderte Lehrerausbildung und eine Lehrerfortbildung notwendig, wie sie unter der Großen Koalition Anfang der siebziger Jahre vielerorts institutionalisiert wurde. Die Lehrerfortbildung ging im Hinblick auf das Lehrwerk von Anfang an in zwei verschiedene Richtungen. Die "Kommunikativen" steuerten schon damals "weg vom Lehrwerk", das sie in thematische Dossiers auflösten. Die Anschaffung neuer Lehrwerke - für die damals noch Geld vorhanden war - legte es andererseits nahe, Entscheidungshilfen in Form von oft umfangreichen Kriterienkatalogen zu erarbeiten. Dies geschah allerdings zunächst auf der Grundlage sehr interpretationsbedürftiger Kriterien: Was ist schon "ausreichendes Übungsmaterial"? Reiseners 15 Fragen an das Lehrwerk von 1978 (vgl. ders. 1991) konnten jedoch bereits Orientierungshilfe leisten, und jüngere Nachfahren wie die Kriterienlisten von Ursula Karbe (1994) oder Werner Kieweg (1998) sind in wichtigen Teilbereichen durchaus aussagekräftig.

Während sich die Übungsanalyse schon Mitte der siebziger Jahre weitgehend verselbstständigte (vgl. Grewer / Moston / Sexton 1975, Knapp-Potthoff 1979, Krüger 1978, Schumann 1989, Segermann 1992, Stiefenhofer 1989, Wissner-Kurzawa 1989), bildeten sich in der Lehrwerkanalyse mit der Zeit eine Reihe von Standardthemen heraus. Hierzu gehören insbesondere auch noch heute

- die *landeskundliche* Analyse (z. B. Scaërou 1994), die in den achtziger Jahren gern imagologische Gesichtspunkte berücksichtigte (z. B. Krauskopf 1985) und gegenwärtig interkulturelles Lernen und Fremdverstehen in den Vordergrund stellt (vgl. Abendroth-Timmer 1998).

- die Analyse der Funktion von *Bildern* (z. B. *Internationale Schulbuchforschung* 1994), die im fremdsprachlichen Bereich in der audiovisuellen Phase ihren Ursprung nahm, und

- die kritische Sichtung von *Grammatik*darstellungen, die auch zu empirischen Untersuchungen Anlass gegeben hat (vgl. Zimmermann 1992).

Die achtziger Jahre waren die Hoch-Zeit des Interesses für die Darstellung von Rollen-Clichés in fremdsprachlichen Lehrwerken (vgl. Lüger-Ludewig / Lüger 1980, Rüttgens 1981). Dieser Aspekt bildete einen teilweise verselbstständigten Bereich der erziehungswissenschaftlich motivierten Lehrwerkanalyse, die sich in der Folge umfassenderen Fragen zuwandte (vgl. Biller 1986, Thiele-Knobloch 1989).

Der Lehrwerk*geschichte* hat sich die Lehrwerkanalyse, dem Beispiel weniger Vorreiter (z. B. Schröder 1975) folgend, erst zu Beginn der neunziger Jahre in größerem Umfang zugewandt (Reinfried 1992, Klippel 1994). Die hierfür notwendigen Sammlungen stehen durchaus zur Verfügung, z. B. in der Staatsbibliothek Berlin oder - speziell für Französisch - an der Universität Saarbrücken (vgl. Raasch 1989). Der Blick zurück auf die Geschichte der Lehrwerke in vergangenen Zeiten ist vielleicht eine der Antworten auf die erwähnte Infragestellung des Lehrwerks in unseren Tagen.

Während aus heutiger Sicht Handlungsorientierung durch projektorientiertes Arbeiten mit und ohne Lehrwerk noch realisierbar scheint (vgl. Apelt 1993, Bebermeier 1992, Schiffler 1998), kann Lehrwerkarbeit unter Setzung anderer Prioritäten als kontraproduktiv gelten, solange noch keine Neubestimmung der Funktionen des Lehrbuchs vorgenommen worden ist. Könnte es sich im Zusammenhang mit Lernwerkstätten zum *guide pédagogique*, unter Berücksichtigung der A-Linearität von Lernprozessen zum "Lesebuch" oder im Hinblick auf die grundsätzliche Konstruktivität von Kommunikation und Lernen zum Katalysator persönlichen Erfahrens wandeln? Und vergessen wir schließlich nicht, dass einige alternative Methoden - beginnend mit den *techniques Freinet* (vgl. Minuth 1991) über *Silent Way* (vgl. Gattegno 1963) und *Total Physical Response* (vgl. Asher 1966) bis zur *Psychodramaturgie* (vgl. Dufeu 1982) und zur *simulation globale* (vgl. Debyser 1980) - dem Lehrwerk eine uneingeschränkte Absage erteilen.

Ist es eine böse Ironie des Schicksals, dass heute bei steigenden Buchpreisen und Produktionskosten im vereinten Deutschland pro Schülerin und Schüler weniger staatliche Mittel für Lehrmaterial zur Verfügung gestellt werden als 1980 in der alten Bundesrepublik? Während bisher nur Zusatzmaterialien zusätzlich beschafft werden mussten, ist die Lehrmittelfreiheit nunmehr ernsthaft gefährdet. Trotzdem wird ein amtliches Genehmigungsverfahren für Schulbücher aufrechterhalten, das im Namen eben dieser Lehrmittelfreiheit z. B. verlangt, dass in jedem Buch ein Mindestbestand von Übungen enthalten ist, die keine Eintragungen durch Schülerhand ermöglichen. Die von den Verlagen derzeit produzierten lehrwerkbegleitenden Lern- und Übungs-CDs (vgl. Kallenbach/Ritter 1998) haben nur noch Chancen auf einem "Nachmittagsmarkt" für Schüler, deren Eltern einen PC anschaffen können.

Diese Missstände sollen uns nicht hindern, berechtigte Forderungen an zeitgemäße Unterrichtsmaterialien zu formulieren. Dass Texte schon für die Sekundarstufe I interessant sein müssen und Differenzerfahrungen ermöglichen sollen, dass Aufgaben sinnvoll sind und die Kreativität der Lernenden anregen, sollte selbstverständlich sein.

Dass unser Wunschzettel aber noch viel länger ist, zeigen die in diesem Band enthaltenen Beiträge.

Literaturhinweise

Abendroth-Timmer, Dagmar (1998): *Der Blick auf das andere Land.* Ein Vergleich der Perspektiven in Deutsch-, Französisch- und Russischlehrwerken. Tübingen: Narr.
Apelt, Walter (1993): "Projektmethode im Fremdsprachenunterricht. Ziele, Inhalte, Verfahren (II)." *Fremdsprachenunterricht* 37(46)/7: 381-387.
Asher, James J. (1966): "The Learning Strategy of the Total Physical Response: A Review." *Modern Language Learning* 50: 79-84.
Bausch, Karl-Richard / H. Christ / W. Hüllen / H.-J. Krumm (Hrsg.) (1989): *Handbuch Fremdsprachenunterricht.* Tübingen: Francke, 1. Aufl.
Bebermeier, Hans (1992): "Projekte im weiterführenden Englischunterricht der Sekundarstufe I." *Neusprachliche Mitteilungen* 45/3: 144-150.
Biller, Karlheinz (1986): "Pädagogische Analyse aktueller Lehrwerke für den Englischunterricht. Ein Beitrag zur Pädagogisierung des Fremdsprachenlernens." *Praxis* 33/3: 304-318.
Blell, Gabriele / Wilfried Gienow (Hrsg.) (1998): *Interaktion mit Texten, Bildern, Multimedia im Fremdsprachenunterricht.* Hamburg: Kovac.

Britten, Jürgen u. a. (1983): "Alors François. Praxis des Unterrichts ab dem dritten Lernjahr an einer integrierten Gesamtschule." *Der fremdsprachliche Unterricht* 17 (68): 274-281.

Debyser, Francis (1980): *L'Immeuble*. Roman-simulation en 66 exercises. Paris: B.E.L.C.

Dufeu, Bernard (1982): "Vers une pédagogie de l'être: la pédagogie relationnelle." *Die Neueren Sprachen* 81/3: 267-289.

Gattegno, Caleb (1963): *Teaching Foreign Languages in Schools*. The Silent Way. New York: Educational Solutions.

Grewer, Ulrich / Terry Moston / Malcolm Sexton (1975): *Übungstypologie zum Lernziel kommunikativer Kompetenz*. Fuldatal/Kassel: Hessisches Institut für Lehrerfortbildung (Druckauftrag 2/0175).

Heuer, Helmut / R.-M. Müller (Hrsg) (1973.): *Lehrwerkkritik — ein Neuansatz*. Dortmund: Lensing.

Internationale Schulbuchforschung 16/4 (1994): Bilder im Schulbuch. Frankfurt/M.: Diesterweg.

Kallenbach, Christiane / Markus Ritter (1998): "Multi-Lernen mit Multimedia? Fremdsprachenlernen am PC." In: Blell, Gabriele / Wilfried Gienow (Hrsg.) (1998): 109-122.

Karbe, Ursula (1994): "Lehrbuchanalyse als Auswahlinstrument." *Fremdsprachenunterricht* 38(47)/1: 28-30.

Kieweg, Werner (1998): "Lernprozessorientierte Kriterien zur Evaluierung von Englisch-Lehrwerken." *Der fremdsprachliche Unterricht Englisch* 32/4 (34): 27-38.

Klippel, Friederike (1994): *Englischlernen im 18. und 19. Jahrhundert. Die Geschichte der Lehrbücher und Unterrichtsmethoden*. München: Nodus.

Knapp-Potthoff, Annelie (1979): *Fremdsprachliche Aufgaben. Ein Instrument zur Lehrmaterialanalyse*. Tübingen: Narr.

Krauskopf, Jürgen (1985): *Das Deutschland- und Frankreichbild in Schulbüchern*. Tübingen: Narr.

Krüger, M. (1978): "Übungs- und Sozialformen im Fremdsprachenunterricht Deutsch." *Zielsprache Deutsch* 4/1: 2-10.

Leitzgen, Günter (1996): "Weg vom Lehrbuch! Ein Zwischenruf und drei Vorschläge." *Französisch heute* 27/3: 190-198.

Leupold, Eynar (1989): "Lehrwerkauswahl für den Fremdsprachenunterricht." *Neusprachliche Mitteilungen* 42/1: 25-28.

Lüger-Ludewig, Brigitte / Heinz-Helmut Lüger (1980): "Rollenklischees und soziale Stereotype im fremdsprachlichen Anfangsunterricht." *Französisch heute* 11/2: 93-107.

Mentz, Olivier / Eckhard Rattunde (1997): "Offene Lerneinheiten — zum Konzept für mehr gestalterische Phasen im Fremdsprachenunterricht." In: Wendt, Michael / Wolfgang Zydatiß (Hrsg.) (1997): 72-81.

Minuth, Christian (1991): "Freie Texte im Anfangsunterricht Französisch." *Der fremdsprachliche Unterricht Französisch* 25/3: 18-23.

Raasch, Albert (1989): "Französische Gespräche: Frontière et station de jonction." *Zielsprache Französisch* 21/2: 99-100.

Radden, G. (1983): "Schülermeinungen zu ihrem Englischlehrwerk." In: Solmecke, Gert (Hrsg.) (1983): 199-227.

Reinfried, Marcus (1992): *Das Bild im Fremdsprachenunterricht*. Eine Geschichte der visuellen Medien am Beispiel des Französischunterrichts. Tübingen: Narr.

Reisener, Helmut (1978): "15 Fragenkomplexe zur Beurteilung von Lehrbüchern für den Fremdsprachenunterricht." *Der fremdsprachliche Unterricht* 12/1: 69-70.

Reisener, Helmut (1991): "Fünfzehn Fragenkomplexe zur Beurteilung von Lehrbüchern für den Fremdsprachenunterricht." *Fremdsprachenunterricht* 44/1: 31-35.

Rüttgens, Hannelore (1981): "Textinhalte und Rollenstrukturen: Das Bild der Frau im Cours de base." *Französisch heute* 12/1: 29-38.

Scaërou, Jean-Jacques (1994): "A propos de deux approches culturelles du français langue étrangère (F.L.E.) à l'étranger." *Neusprachliche Mitteilungen* 47/2: 97-101.

Schiffler, Ludger (1998): *Learning by doing*. Handlungs- und partnerorientierter Fremdsprachenunterricht mit und ohne Lehrbuch. Stuttgart: Klett.

Schröder, Konrad (1975): *Lehrwerke für den Englischunterricht im deutschsprachigen Raum 1665-1900*. Einführung und Versuch einer Bibliographie. Darmstadt: Wiss. Buchges.

Schumann, Adelheid (1989): "Übungen zum Hörverstehen." In: Bausch, Karl-Richard / H. Christ / W. Hüllen / H.-J. Krumm (Hrsg.) (1989): 201-204.

Segermann, Krista (1992): *Typologie des fremdsprachlichen Übens*. Bochum: Brockmeyer.

Solmecke, Gert (Hrsg.) (1983): *Motivation und Motivieren im Fremdsprachenunterricht*. Paderborn: Schöningh.

Stiefenhöfer, H. (1989): "Übungen zum Leseverstehen." In: Bausch, Karl-Richard / H. Christ / W. Hüllen / H.-J. Krumm (Hrsg.) (1989): 204-206.

Thiele-Knobloch, Gisela (1989): "Die Versprachlichung von Gefühlen: Affektive Lernziele in den meistbenutzten Lehrwerken des Französischen." *Französisch heute* 20/1: 39-52.

Wendt, Michael / Wolfgang Zydatiß (Hrsg.) (1997): *Fremdsprachliches Handeln im Spannungsfeld von Prozess und Inhalt*. Bochum: Brockmeyer.

Wissner-Kurzawa, E. (1989): "Grammatikübungen." In: Bausch, Karl-Richard / H. Christ / W. Hüllen / H.-J. Krumm (Hrsg.) (1989): 196-199.

Zimmermann, Günther (1992): "Zur Funktion von Vorwissen und Strategien beim Lernen mit Instruktionstexten." *Zeitschrift für Fremdsprachenforschung* 3/2: 57-79.

Sprachenlernen mit dem Lehrwerk -
Thesen zur Lehrbucharbeit im Fremdsprachenunterricht

Andreas Nieweler

1. Ein Blick zurück zu Comenius

Was uns Johann Amos Comenius in seiner *Didactica magna* vor rund 400 Jahren ins pädagogische Stammbuch geschrieben hat, ist im Hinblick auf Lehrwerke erstaunlich aktuell. In Kapitel 19 mit dem Titel *Grundsätze für die Schnelligkeit und Abkürzung beim Lernen* findet man folgende Forderung: "Schulbücher sollen alles allgemeinverständlich darstellen und dem Lernenden in jedem Fall Hilfe bieten, so dass er alles von selbst auch ohne Lehrer verstehen kann" (8. Aufl. 1993: 128).

Ist dies ein erster Hinweis auf Förderung von Lernerautonomie durch Lehrwerke? Glaubte der Urvater der Didaktik gar an Schulbücher, die den Lehrer überflüssig machen? Irgendwie kommen mir Lehrmaterialien zum Fremdsprachenlernen in den Sinn, die z. B. in Form von Selbstlernprogrammen oder grammatischer Instruktionstexte die Schüler/innen in die Lage versetzen, sich selbstständig und selbsttätig neue Sprachphänomene anzueignen und einzuüben. Lesen wir weiter bei Comenius:

> Deshalb sähe ich sie am liebsten in Dialogform abgefaßt ... Denn es gibt nichts Vertraulicheres und Natürlicheres als ein Gespräch ... So haftet auch, wie die Erfahrung bestätigt, im Geist des Schülers besser, was er in Form eines Lustspiels oder eines Gesprächs lernt ..., als was er in nacktem Vortrag den Lehrer erzählen hört. Da ja doch der größere Teil unseres Lebens im Gespräch besteht, wird die Jugend gleich darauf vorbereitet, Nützliches nicht bloß zu verstehen, sondern auch darüber sich vielfältig, gewählt ... und mühelos zu äußern. Die Dialogform erleichtert zudem die Wiederholung, die die Schüler so auch unter sich vornehmen können. (ebenda)

Dieser Wunsch Comenius' ist in zahlreichen modernen Schulbuchlektionen des Fremdsprachenunterrichts Wirklichkeit geworden; dort finden sich Dialoge in kontextualisierter Form. Der "nackte Lehrervortrag" ist methodisch verpönt; Schülerorientierung und die Entwicklung kommunikativer Kompetenzen stehen im Vordergrund. Die Unterscheidung zwischen "bloßem Verstehen" und "vielfältigen und mühelosen Äußerungen" erinnert an diejenige zwischen produktivem und rezeptivem Sprachgebrauch. Auch die "Wiederholungen, die die Schüler auch unter sich vornehmen können", sind täglich im Fremdsprachenunterricht der weiterführenden Schulen zu beobachten, jeder Tandembogen und so manche Übung im Lehrbuch zur Festigung neu eingeführter Lexik und Grammatik könnten als Beleg dienen.

Comenius geht über das Medium Lehrwerk hinaus: "Auch wird es sehr nützlich sein, in gedrängter Darstellung sowohl des Textes als auch der Bilder und Zeichnungen einen Auszug aus sämtlichen Büchern jeder Klasse an den Wänden des Zimmers anzubringen ..." (op. cit.: 129).

Denkt man hier nicht unwillkürlich an Lernposter im Sprachenfachraum? Auch die Schulbuchverlage haben dafür gesorgt, dass großflächige Übersichten in Form von Bildern mit Präpositionen des Ortes oder Kondensate von Lern- und Arbeitstechniken die Klassenräume verzieren, in denen Fremdsprachenunterricht stattfindet. Aber kann nicht auch das Erstellen einer *Quatrième de couverture* als kreative Auseinandersetzung mit einem literarischen Text eine aktuelle Konkretisierung dieses Gedankens darstellen? Eines jedoch ist diesen methodischen Aphorismen des Comenius gemeinsam: Sie ähneln in verblüffender Weise den methodischen Prinzipien modernen Fremdsprachenunterrichts, teilweise auch den Konzeptionen von Lehrwerken.

Für den stets um die Ökonomisierung des Lernens bemühten Comenius stand der unterrichtliche Einsatz von Schulbüchern außer Frage. Dieses ist im ausgehenden Jahrzehnt, den 90er Jahren, jedoch nicht immer der Fall gewesen. Gerade diese Dekade ist geprägt von der Infragestellung des Leitmediums Lehrwerk und hat unter dem Postulat der Authentizität häufig den Verzicht auf das Lehrwerk überhaupt oder zumindest einen kritischen Umgang mit diesem ("Steinbruch") gefordert. Dennoch, so würde ich behaupten, ist der Einfluss der Lehrwerke insgesamt auf den Fremdsprachenunterricht ungebrochen. Für den Französischunterricht der Sekundarstufe II lässt sich in den letzten Jahren gar eine Renaissance des Lehrwerks, gerade auch als Lesebuch, feststellen. Nie zuvor gab es eine solche Bandbreite gut gemachter, mit motivierenden Texten versehener Oberstufenlehrwerke, die nichts mehr mit der Verstaubtheit vergangener Textsammlungen kanonisierter Literaturklassiker und der vorgeschlagenen methodischen Sterilität zur Abarbeitung eben dieser zu tun haben.[1] Zu nennen wären hier vor allem *Nouveaux Horizons* (Klett), *Parcours* (Cornelsen), *Mots de passe* (Diesterweg) sowie *Bleu Blanc Rouge* (Schöningh). Aber auch in der Sekundarstufe I ist ein vom Lehrbuch losgelöster Französischunterricht an Gymnasien und Realschulen nicht erkennbar.

2. Thesen zu Funktionen und Problemen der Lehrbucharbeit im Fremdsprachenunterricht

Im Folgenden soll versucht werden, thesenhaft für die Arbeit mit Lehrwerken im Fremdsprachenunterricht zu plädieren, gleichzeitig aber auch auf Probleme des Einsatzes im Unterricht und der Konzeption von Lehrwerken aufmerksam zu machen. Ich fasse meine Überlegungen in sieben Thesen zusammen; sie beziehen sich überwiegend auf die Sekundarstufe I.

2.1 Das Lehrwerk wirkt "katalysierend" bei der Umsetzung neuer didaktischer Erkenntnisse. Lehrwerke haben eine "erzieherische Funktion" für Lehrer/innen.

Obwohl die Curricula und Lehrpläne der einzelnen Bundesländer die Basis für die Ausgestaltung des Fremdsprachenunterrichts sind, ist doch feststellbar, dass methodische Veränderungen - ich nenne als Beispiel die Diskussion um Lernstrategien, Lernerautonomie, Lern- und Arbeitstechniken - schneller und weitaus verbreiteter durch den Einsatz entsprechender Lehrwerke Eingang in den Unterricht finden, als dies Lehrpläne bewirken könnten. Unabhängig von der Tatsache, ob man das Lehrbuch als "heimlichen Lehrplan" gutheißt oder akzeptiert, ist einfach wahrnehmbar, dass z. B. im Französischunterricht erst durch die Lehrwerkgeneration von *Découvertes* Lern- und Arbeitstechniken am Gymnasium systematisch geschult werden. In einigen Bundesländern ist darüber hinaus zu beobachten, dass Innovationen zunächst von Lehrbuchkonzeptionen ausgehen, um dann zeitlich versetzt auch Aufnahme in den Lehrplan zu finden. Die Stärkung des Hörverstehens im Fremdsprachenunterricht mit entsprechenden ideenreichen Übungen von Beginn der Spracherwerbsstufe an ist ein weiteres Beispiel für eine Entwicklung, die durch moderne Lehrwerke beschleunigt wurde und die die Französischlehrer/innen dazu gebracht hat, die Förderung dieser Teilkompetenz stärker in ihrem Unterricht zu berücksichtigen. In absehbarer Zeit dürfte es möglich sein, dass Lerner/innen im ersten Lernjahr in der Muttersprache wiedergeben können, was sie bei einer Hörverstehensübung verstanden haben, ohne hierbei vermeintlich mit dem Prinzip der Einsprachigkeit zu kollidieren. Die meisten Schüler/innen haben im Anfangsunterricht weniger die Schwierigkeit, dass sie bei Hörverstehensübungen zu wenig dekodiert haben; sie können es in Ermangelung ausreichender zielsprachlicher Kenntnisse nur nicht adäquat ausdrücken. Ein nach wie vor ungelöstes Problem des lehrwerkgeleiteten Anfangsunterrichts ist die (zu) frühe Einführung der Schriftlichkeit. Campadieu (1998: 234) hat im Zusammenhang der Diskussion kognitiver Lernstile darauf hingewiesen, dass "geschriebenes Material immer erst dann eingeführt werden sollte, wenn die prosodischen Elemente ausreichend fixiert sind". Man wird sehen, inwiefern zukünftige Lehrwerke hierauf Rücksicht nehmen können.

2.2 Das Lehrwerk garantiert die Vergleichbarkeit der Abschlüsse.

Würde der Fremdsprachenunterricht versuchen, weitgehend oder gänzlich ohne Lehrbuch auszukommen, stellte sich insbesondere beim Erwerb von Französisch als 2. oder 3. Fremdsprache das Problem, wie am Ende der Sekundarstufe I die Vergleichbarkeit der Abschlüsse garantiert werden kann. Wird Französisch als 2. Fremdsprache ab Klasse 7, als 3. Fremdsprache ab Klasse 9, eventuell auch als neu einsetzende Fremdsprache in der Jahrgangsstufe 11 gewählt, so sind zwar am Ende des Sprachlehrgangs naturgemäß Unterschiede in den lexikalischen Kenntnissen der Schüler/innen feststellbar, die behandelten grammatischen Pensen jedoch sind weitgehend konform. Die Lehrwerke für die Profile Sprachbeginn in Klasse 7 und Sprachbeginn in Klasse 9 sind so weit aufeinander abgestimmt, dass Schüler/innen über annähernd vergleichbare Kompetenzen verfügen, die die Grundlage für eine weitere Beschäftigung mit dem Französischen in der Sekundarstufe II bilden.

2.3 Dem Lehrwerk liegt eine durchdachte didaktische Progression zu Grunde, die den Lernbedürfnissen der Schüler/innen entgegenkommt. Es dient ihnen als Strukturierungshilfe beim Sprachenlernen.

Obwohl es in der Sprache keine "naturgegebene" Progression gibt, was uns z. B. der kindliche Spracherwerb stets aufs Neue vor Augen führt, macht es fremdsprachendidaktisch Sinn, bestimmte Grammatikpensen zu Beginn eines Sprachkurses, andere dagegen erst nach einiger Zeit zu vermitteln. Das Lehrbuch ist darüber hinaus als

Vermittlungsform auch deswegen dienlich, weil sich im Französischen der Unterschied zwischen *passé composé*, *imparfait* und *passé simple* nur textuell verdeutlichen lässt. Schaut man sich konkurrierende Lehrwerke genauer an, stellt man fest, dass die Progression der Grammatik- und Lexikpensen und ihr Steilheitsgrad recht unterschiedlich ausfallen können; es ist in jedem Fall eine bewusste Entscheidung der Autoren, unter Einhaltung der jeweiligen Lehrpläne, für den einen oder anderen Weg. Zellner (1998) hat kürzlich sog. "Sachzwänge der Lehrbuchprogression" am Beispiel des spät beginnenden Französischunterrichts genauer unter die Lupe genommen und - in Abwandlung der "üblichen" Lehrbuchprogression - für einen möglichst frühzeitigen Gebrauch der Verneinung mit *ne...pas* plädiert, um so persönliche Äußerungen (hier: Ablehnungen) in der Fremdsprache von Anfang an zu ermöglichen. Ich werde unter Punkt 2.6 noch einmal auf das Problem der Progression zu sprechen kommen. Bedenkenswert sind in diesem Zusammenhang auch die grundsätzlichen Überlegungen von Bleyhl (1996) zum Unterschied von linearem und nicht-linearem Fremdsprachenunterricht.

2.4 Aus arbeitsökonomischen Gründen scheint ein völliger Verzicht auf Lehrbücher unmöglich.

Fremdsprachenlehrer/innen müssen sich darüber im Klaren sein, dass ein vom Lehrwerk unabhängiger Unterricht einen erheblichen Mehraufwand an Arbeit bedeutet. Dieses ist unter den gegebenen schul- und arbeitsmarktpolitischen Maßnahmen (Erhöhung der Klassenfrequenzen sowie der Stundendeputate für Lehrer/innen) nur schwer leistbar. Das Beispiel der Waldorfschulen, die jahrelang aus pädagogischen (oder ideologischen?) Gründen auf die Einführung von Lehrbüchern verzichtet hatten, dieses Prinzip aber nun deutlich flexibler handhaben, hat gezeigt, dass eine Absage an Lehrbucharbeit mit einem wüsten Aufwand an Kopien, gepaart mit der ständigen Suche nach geeigneten Texten, einhergeht.

2.5 Lehrwerke unterliegen einem länderspezifischen Genehmigungsverfahren.

Es ist schulaufsichtliche Tradition, dass an deutschen Schulen nur solche Lehrwerke zum Einsatz kommen, die ein gutachterliches Prüfungsverfahren des für das Bundesland zuständigen Kultusministeriums durchlaufen haben, bevor sie sich auf der Liste der genehmigten Schulbücher wiederfinden. Dieser Tatbestand an sich ist nicht problematisch, wohl jedoch die teilweise stark divergierenden didaktisch-methodischen Vorstellungen der Länderministerien bzw. der von ihnen beauftragten Gutachter. Da die Schulbuchverlage aus wirtschaftlichen Gründen eine Bundesausgabe für alle Bundesländer anstreben, müssen Kompromisse im Hinblick auf die Einhaltung der landesspezifischen Lehrpläne eingegangen werden. Dieses ist im Bereich der Grammatik nicht immer einfach; so wird beispielsweise das *passé simple* bisweilen nur rezeptiv, bisweilen auch produktiv verlangt. Auch der Stellenwert des Hörverstehens und die Frage, wie strikt die Einsprachigkeit in der Zielsprache einzuhalten sei, können dazu führen, dass Lehrwerke nicht immer so weit gehen dürfen, wie man es nach dem Stand der fachdidaktisch-wissenschaftlichen Diskussion erwarten könnte. Die Genehmigungsverfahren sind also unter Umständen dafür mitverantwortlich, dass für die "Abnehmer vor Ort", die Lehrer/innen, die mit dem Lehrwerk konkret arbeiten, die Neuerungen nicht weit genug oder gar zu weit gehen. Man darf dabei aber in Erinnerung rufen, dass es sich kein Verlag leisten kann, eine Genehmigung für ein Lehrwerk nur in einem Bundesland zu erwirken.

2.6 Lehrer/innen gehen häufig zu dogmatisch mit dem Lehrwerk um. Die Hauptursache für die "Langeweile des Sprachunterrichts" liegt eher in dem unmündigen Einsatz der Lehrwerke im Unterricht als in der Beschaffenheit des Lehrbuches selbst.

Häufig ist an Schulen wahrnehmbar, dass gerade im Fremdsprachenunterricht der Spracherwerbsstufe recht dogmatisch mit dem Lehrwerk als "seitenumblätterndes Medium" umgegangen wird. Jedoch: nach Seite 72 muss es nicht auf Seite 73 weitergehen; nach Übung 3 a Lektion 9 muss nicht Übung 3 b Lektion 9 folgen. Auch das modernste Lehrwerk ist nur so gut wie seine Benutzer. Natürlich sollten gerade auch die Lernbedürfnisse der Schüler/innen den Unterricht bestimmen und nicht der unerbittliche und alleinige Einsatz des Lehrbuchs. Auch die lehrwerkbegleitenden Materialien, die in den letzten Jahren verstärkt auf den Markt gebracht wurden, erlauben eine arbeitsökonomische Auflockerung des Unterrichts. Sie decken häufig spezifische Bereiche ab wie Freiarbeit, Transfertexte und Kontrollaufgaben, lehrbuchbegleitende Lektüren sowie Software. Leitzgen (1996) hat in einem Aufsatz mit dem provozierenden Titel *Weg vom Lehrbuch!* mehrere Möglichkeiten für einen mündigen Umgang mit dem Lehrwerk aufgezeigt, die u. a. auch das Problem der Progression tangieren: So z. B. ermutigt er dazu, die Reihenfolge der Lehrbuchlektionen flexibel zu handhaben, wenn damit einem vorliegenden sprachlichen oder inhaltlichen Bedürfnis der Schüler/innen entsprochen werden kann. Ebenso könnten Lektionen oder Teile daraus gerafft werden, um dem häufig beklagten Problem der "Schaffbarkeit" zu begegnen. Auch das Umschreiben von Übungen im Hinblick auf authentische Situationen sei machbar. Insgesamt zeigt sich die Lehrerschaft noch zu wenig flexibel im Umgang mit den Lehrwerken und nutzt die durch den Lehrplan und mögliche Fachkonferenzbeschlüsse geschaffenen Freiräume kaum aus.[2]

2.7 Das Lehrwerk ist und bleibt pädagogische Veranstaltung, didaktisch-methodische Inszenierung, die als solche von den Schüler/innen akzeptiert wird. Nur der Grad der Künstlichkeit der Lernarrangements entscheidet letztlich über Zustimmung bzw. Ablehnung aus Schülersicht.

Sieht man einmal von Untersuchungen ab, die stark verlagspolitisch orientiert sind (Polleti 1993, Wernsing 1993), gibt es in jüngster Zeit relativ wenige Beiträge, die Französischlehrwerke kriterienorientiert analysieren. Hierzu gehören die Arbeiten von Abendroth-Timmer (1998), vor allem im Bereich des interkulturellen Lernens, und von Eggensperger (1995) für Teilbereiche der Grammatik. Die m. E. praxisorientiertesten Vorschläge hat Reisener (1991) vorgelegt. Die von ihm genannten Qualitätskriterien in den Bereichen Wortschatz, Aussprache und Grammatik sind hervorragend geeignete Prüfsteine, die eine detaillierte Begutachtung von Lehrbüchern ermöglichen. Da Schüler/innen ein Lehrwerk und die dadurch geschaffene künstliche Lernsituation grundsätzlich akzeptieren, kommt es aus ihrer Sicht eher darauf an, motivierende und altersgerechte Texte zu finden, die authentisch sind oder zumindest nicht einen allzu zwanghaften (Lehrbuchautoren-)Humor an den Tag legen. Sowohl aus Schüler- als auch aus Lehrersicht sind folgende Bereiche notwendige Desiderate für ein gutes Lehrwerk: Textsortenvielfalt, Diversifizierung der Übungstypen, angemessene landeskundliche Inhalte, die eher auf das *human interest* beim interkulturellen Lernen abzielen denn auf "trockene" geografisch-historisierende Landeskunde, Lehrbuchpersonen mit hohem Identifikationscharakter, Lernkontrollen zur eigenständigen Überprüfung des bisher Gelernten, Binnendifferenzierungen, Plateauphasen und spielerische Elemente. Und vergessen wir bei alldem nicht, dass Schüler/innen Lehrbücher auch als Orientierungspunkt und Strukturierungshilfe beim Lernprozess willkommen heißen, wenn nicht sogar benötigen.

3. Ein Blick nach vorn: zukünftige Lehrwerke als Verbundsystem von Print- und Softwaremedien

Ein Blick in die nächste Lehrwerkgeneration des Fremdsprachenunterrichts mag diese Ausführungen abrunden. Meines Erachtens wird das Lehrwerk der kommenden Jahre eine Kombination aus Print- und Softwaremedien sein (*Integrated Language Systems*), die multimediales Sprachenlernen ermöglicht. Dabei wird wahrscheinlich im Unterschied zu den Lehrwerken der ausgehenden 90er Jahre nicht mehr das gedruckte Schülerbuch mit Übungsheft und grammatischem Beiheft deutlich im Zentrum stehen, um das herum sich Vokabel- und Grammatiktrainer etc. gruppieren, sondern es wird zu einer Art Basismodul werden, das ständige Online-Ergänzungen erfährt, weiterhin von Audio-CDs begleitet wird und für die Hand des Lehrers wie auch des Schülers jeweils unterschiedliche Datenbanken zur Verfügung stellt. Meißner (1998: 14) hat kürzlich in einem in dieser Hinsicht richtungsweisenden Aufsatz verdeutlicht, "dass neben dem unverzichtbaren papiernen Buch elektronische Module treten werden." Ihre absehbaren Vorteile ergeben sich nach Meißner aus:

- einem dynamischen Bildaufbau / der immer neu veränderbaren Präsentation des Materials
- der Kombination bildlicher mit akustischen, tendenziell eindruckstiefen und eindrucksvielfältigen Sprachvorlagen
- der an individuellen Lernbedürfnissen orientierten Präsentation des Materials / Erhöhung der Motivation durch Betroffenheit
- der Summe dieser Vorteile in Kombination mit der Verfügbarkeit großer Sprachdatenmengen / Eindrucksvielfalt und Inputbreite auch dank der Datenfernübertragung
- der Möglichkeit zur Interaktivität bezüglich Rezeption und Produktion von Zielsprache / 'der Lerner als Mitspieler in der virtuellen Sprachhandlung'
- der Möglichkeit zur eigenen Lernerfolgskontrolle, wie sie bereits zum Teil jetzige *learnware* bietet. Stichworte: Textrekonstruktion, wiederholendes Üben usw.
- der Möglichkeit einer kostengünstigen Aktualisierung und Verbreitung des Materials (*updating* und *electronic publishing*). (ebenda)

Es bleibt abzuwarten, wie schnell die Schulträger die notwendigen finanziellen Mittel bereitstellen, um computergestützten Unterricht einer breiten Schülerschaft anzubieten.

Anmerkungen

[1] Für eine generelle Diskussion der Inhalte des Französischunterrichts der Oberstufe eignet sich in hervorragender Weise der Artikel von Tesch (1999).

[2] Weitergehende Vorschläge für kreative, offene Lehrbucharbeit finden sich u. a. bei Rattunde (1995) und Schiffler (1996). Sehr gute Anregungen zur Förderung von Lernerautonomie in Lehrwerken liefern Nodari/Viecelli (1998).

Literaturhinweise

Abendroth-Timmer, Dagmar (1998): *Der Blick auf das andere Land. Ein Vergleich der Perspektiven in Deutsch-, Französisch- und Russischlehrwerken.* Tübingen: Narr.

Bleyhl, Werner (1996): "Der Fallstrick des traditionellen Lehrens und Lernens fremder Sprachen. Vom Unterschied zwischen linearem und nicht-linearem Fremdsprachenunterricht." *Praxis des neusprachlichen Unterrichts* 43/4: 339-347.

Campadieu, Petra (1998): "Der gute Fremdsprachenlerner. Eine strukturale Beschreibung seiner kognitiven Gesten und Lernstrategien." *Praxis des neusprachlichen Unterrichts* 45/3: 227-235.

Comenius, Johann Amos (1993): *Große Didaktik.* Übers. und hrsg. von Andreas Flitner. Stuttgart: Klett-Cotta, 8. Auflage.

Eggensperger, Karl-Heinz (1995): "Die Progression der Lehrinhalte zur Verbalflexion in Lehrgängen für Französisch als zweite Fremdsprache. Vorschläge zu den Jahrespensen." *französisch heute* 26/2: 143-158.

Leitzgen, Günter (1996): "Weg vom Lehrbuch! Ein Zwischenruf und drei Vorschläge." *französisch heute* 27/3: 190-198.

Meißner, Franz-Joseph (1998): "Zum Interesse der Fremdsprachendidaktik an der Informatik. CALL, Multimedia und TELL." *französisch heute* 27/1: 4-20.

Nodari, Claudio / Viecelli, Franz (1998): "Zur Förderung des autonomen Lernens in Französischlehrwerken." *Der fremdsprachliche Unterricht - Französisch* 32/34: 23-43.

Polleti, Axel (1993): "Französischlehrbücher im Urteil von Schülern und Lehrern. Bericht über eine Umfrage." *Praxis des neusprachlichen Unterrichts* 40/2: 193-190.

Rattunde, Eckhard (1995): "Offene Lektionseinheiten im Französischunterricht - Materialien und Möglichkeiten." *Die Neueren Sprachen* 94/1: 88-111.

Reisener, Helmut (1991): "Fünfzehn Fragenkomplexe zur Beurteilung von Lehrbüchern für den Fremdsprachenunterricht." *Fremdsprachenunterricht* 35(44)/1: 31-35.

Schiffler, Ingrid (1996): "Vivre à la Martinique. Wie kann Lehrbucharbeit kreativ werden?" *Praxis des neusprachlichen Unterrichts* 43/1: 49-54.

Tesch, Bernd (1999): "Die Frage der Inhalte: Museum oder Supermarkt? Einige grundsätzliche Überlegungen zum Französischunterricht auf der Oberstufe." *Praxis des neusprachlichen Unterrichts* 46/1: 67-73.

Wernsing, Armin Volkmar (1993): "Von Lehrbuchtexten und dem Umgang mit ihnen. Beispiel: Französischunterricht." *Praxis des neusprachlichen Unterrichts* 40/2: 173-180.

Zellner, Josef (1998): "Sachzwänge der Lehrbuchprogression. Gedanken zum Artikelgebrauch bei der Verneinung im Französischen." *Praxis des neusprachlichen Unterrichts* 45/2: 182-185.

Grundsätzliches zu einem konstruktiven Fremdsprachenlernen und Anmerkungen zur Frage: Englisch-Anfangsunterricht ohne Lehrbuch?

Werner Bleyhl

> La langue n'est pas une matière comme les autres.
> (Die Sprache ist kein Schulfach wie ein anderes.)
> Claude Hagège (1996)

> Wer seine Muttersprache gelernt hat, ist immun gegen das Lernen anderer Sprachen.
> Fritz B. Simon (1996)

> Teaching cannot be treated as behaviour separate from the reasoning on which it is based.
> D. Freeman and J. Richards (1993)

Mit den meinem Beitrag vorangestellten Zitaten möchte ich das Spannungsfeld andeuten, in dem sich das Fremdsprachenlehren befindet. Dieses Spannungsfeld ist multidimensional. Jede Dimension ist von Bedeutung bzw. hat Einfluss, der im Einzelnen nie genau bestimmbar ist. Alles steht mit allem in Wechselwirkung, weshalb der Sprachlernprozess auch nie ein triviales Geschehen sein kann, das nach einem einfachen Ursache-Wirkungs-Prinzip verläuft. Der Fremdsprachenlernprozess ist vielmehr ein nichtlineares bio-psycho-soziales Geschehen, das - wie die Organisation des Gehirns insgesamt - ein Prozess der Selbstorganisation (Bleyhl 1998a) ist.

Ehe im Folgenden auf die linguistische, die lernpsychologische und die didaktischmethodische Dimension jeweils hingewiesen werden soll, sei daran erinnert, dass eine weitere Dimension unserer Aufgabe die allgemein pädagogische ist. Sie ist durch das schon von Kant aufgezeigte Paradox bzw. Dilemma charakterisiert, der Spannung zwischen Zwang und Freiheit: "Eines der größten Probleme der Erziehung ist ... Wie kultiviere ich die Freiheit bei dem Zwange?" (Kant 1960: 16)

I. Ein Blick auf die linguistische Dimension

Wenn das Gehirn das komplexeste Stück "Materie" ist, das es auf der Erde gibt, so ist Sprache das komplexeste Phänomen, das das menschliche Gehirn hervorgebracht hat. Keine Sprache ist bislang zufriedenstellend beschrieben, und Sprache ist nicht zufriedenstellend abzugrenzen von Nonverbalem. Auch zwischen Verbalem und Nonverbalem besteht ein Wechselspiel; jeder Aspekt ist auf andere Aspekte angewiesen.

Sprache besteht in dreierlei Gestalt:

Sprache 1: Sprachliches ist zunächst einmal physikalisch, sinnlich wahrnehmbar: akustisch in Form von Lauten oder auch visuell in Form von optischen Zeichen. Nennen wir sie einmal Sprache der ersten Ebene. Es ist die äußere Sprache. Sie ist direkt beobachtbar. Chomsky spricht von der externen Sprache, der E-Sprache. Sprachzeichen, ob zu hören oder zu sehen, sind - für den Sprachkenner - Symbole für etwas anderes.

Sprache 2: Diese Umsetzung der Symbole in etwas anderes, die Zuweisung von Bedeutung geschieht im Kopf des Hörers/Lesers. Dort lebt die innere Sprache, die lebendige Sprache, das Werkzeug des Denkens. Ihre Strukturierung ist „ein implizites Wissen, d.h. es ist dem Bewusstsein nicht direkt zugänglich" (Schwarz 1996: 49). Nach Chomsky ist es die interne Sprache, die I-Sprache.

Sprache 3: Sie ist die sprachliche Beschreibung der Sprache 1, ihre Darstellung in einer Metasprache. Sprache 3 sind auch die vorgelegten Produkte der Beschreibung der wissenschaftlichen Disziplin Sprachwissenschaft, wie beispielsweise Werke zur Grammatik, ob mit wissenschaftlicher Zielsetzung oder zum vermeintlich praktischen Gebrauch.

Sprache 3-Erzeugnisse, sprich Grammatiken als formale Beschreibungen oder Analysen, sind somit keineswegs identisch mit Beschreibungen von psychischen Prozessen der inneren Sprache. Sie haben keine psychologische Realität. Logik (die Beschreibung, wie ein Auto läuft, ist nicht vergleichbar mit der Erklärung, warum es läuft, auch wenn dies manche Verfechter eines Grammatikunterrichts zu befürworten scheinen), Empirie wie neuerdings auch Neurolinguistik (z. B. Beobachtungen von Aphasie-Patienten) lassen daran keinen Zweifel aufkommen.

Wie aber kommt Sprache in den Kopf? Wie wird aus Sprache 1, der Sprache, die ein Lerner um sich herum erlebt, Sprache 2, lebende Sprache im Kopf des Lerners? - Wie jeder Sprachlerner oder jeder Sprachlehrer weiß, ist dieser Sprachlernprozess weder eine einfache Angelegenheit des Angeborenseins noch der Imitation.

Stellen wir die Lernprozessfrage noch etwas zurück und bleiben wir bei der Dimension von Sprache 1, der Sprache, wie sie konkret dem Lerner begegnet. Betrachtet man sie, so zeigt sich Folgendes. Jeder sprachliche Aspekt dieser konkret erfahrbaren Sprache 1, ob Laut, Wort, Satz, syntaktisches Element, Text etc. ist durch seine zufälligen physikalischen Produktionsumstände einzigartig, d.h. verschieden von anderen, im Grunde selbst gleichartigen sprachlichen Aspekten. Er ist in seiner konkreten Gestalt einzigartig, verschieden, so wie jedes Blatt eines Baumes oder Strauches sich vom anderen unterscheidet und doch - vom Kenner - als Blatt einer Buche, einer Efeupflanze erkannt wird. Der kundige Sprachempfänger nimmt die physikalisch verschiedenen Realisierungen als gleich wahr. Das klingt geheimnisvoll, deswegen ein Beispiel:

(a) Laute

Die phonetischen Sprachlaute [a] etwa des Phonems /a/, die wir in einem Wort produzieren, sind, wie Spektographen zeigen, keineswegs alle gleich. Doch dank eines Magneteffekts ordnen wir die von den Detailumständen beeinflussten, etwa den in jedem Menschen etwas unterschiedlichen anatomischen Artikulationsbedingungen und deswegen alle leicht unterschiedlichen Realisationen nur derselben mental konstruierten Klasse /a/ zu.

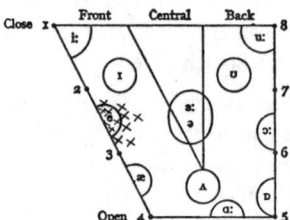

Abb. 1: Vokalrealisation

(b) Wortrealisationen

Wir erkennen so unsere Freunde alle an ihrer Stimme. Jeder von uns artikuliert anders. Als Kenner nehmen wir bei den unterschiedlichen Realisationen jedoch dasselbe Wort wahr.

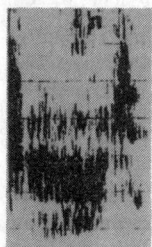 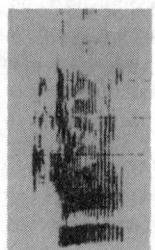  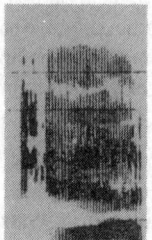 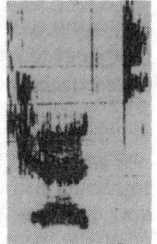

Abb. 2: Spektrogramm verschiedener Realisationen des Wortes *cat*.

(c) Schrift

Dasselbe Phänomen ist uns beim Lesen einer Handschrift höchst geläufig. Wenn wir handschriftlich schreiben, sind wohl alle Buchstaben 'a' eines unserer Briefe verschieden. Vom Empfänger unseres Briefes erwarten wir aber, dass er alle als dasselbe 'a' liest, was, wenn wir einigermaßen leserlich schreiben, er wohl auch tut.

(d) Bedeutung einzelner Symbole

Andererseits ist es auch selbstverständlich, dass dasselbe Zeichen nicht immer dieselbe Bedeutung haben muss. Beispiel Stundenplan:
IO.IO h BIOLOGIE
Hier tauchen genau dieselben Zeichen, Symbole mehrfach auf. Meist wird dies uns nicht bewusst, denn wir interpretieren sie 'automatisch' einmal als Ziffern, einmal als Buchstaben, wie es im betreffenden Kontext am sinnvollsten ist.

Genau so interpretieren wir, auch bei nur minimalen Englischkenntnissen, etwa das zweite Zeichen im nachfolgenden Beispiel entweder als H oder als A:

THE   CHT

(e) Wort

Auch ein einzelnes Wort hat nicht immer dieselbe Bedeutung. Überall sind die Übergänge fließend. Wörter sind wie Kometen, die haben einen relativ dichten Kern und fransen nach außen aus, sind unscharf, *fuzzy*. Wo liegen die Grenzen zwischen 'Untertasse', 'Tellerchen', 'Teller', 'Platte', 'Schüssel'? Es hängt von den in der Situation zur Verfügung stehenden Vergleichsgefäßen ab.

Abb. 3: Polymorphie des Geschirrs

(f) Satz

Studenten im ersten Semester der Informatik wird an folgendem Satz klarzumachen versucht, wie mehrdeutig Alltagssprache ist. Dieser Mehrdeutigkeit wegen haben Übersetzungs-Computer ihre Schwierigkeiten. Dem Sprachbenutzer fällt diese Mehrdeutigkeit normalerweise nie auf, weil der Kontext, die Situation, das Vorwissen und Weltwissen diese Mehrdeutigkeit gar nicht bewusst werden lässt.

"I saw the man on the hill with a telescope."
Ich sah den Mann auf dem Hügel mit einem Fernrohr.

1. I saw₁ (the man on the hill) (with a telescope₁).

2. I saw₁ (the man (on the hill)(with a telescope₁)).

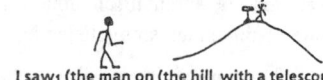

3. I saw₁ (the man on (the hill with a telescope₂)).

4. I saw₂ the man (on the hill) (with a telescope₁).

5. I saw₂ the man on (the hill with a telescope₂).

6. I saw₂ the man (on the hill with a telescope₁).

Abb. 4: Beispiel für sprachliche Mehrdeutigkeit.

(g) Grammatik

Dem Anglisten sei hier ein Beispiel aus dem Englischen gestattet und zwar die Verwendung der *continuous form* alias *progressive form*. (Nebenbei bemerkt sind die beiden eben verwendeten Begriffe ein Beispiel, wie allein die vielfältige Terminologie für dasselbe Phänomen in der Grammatik dem Lerner Probleme bringen kann.) Welche Bedeutung hat diese Form? Wann wird sie verwendet? - Der Linguist Maule gibt viele Beispiele und stellt dann fest:
- *'Longer-time' verbs (*wie *live,* W. B.*) in the continuous tense get shorter.*
- *'Shorter-time' verbs (*wie *put,* W. B.*) ... get longer.*
- *'Medium-time' verbs - the majority - used in the continuous tense may signal either uninterrupted action in a limited time-frame or repeated action in a limited timeframe.*

Die Bedeutung wird also nie allein von der Form bestimmt.

Bland fasst ihre Studien zur Verlaufsform folgendermaßen zusammen: *Not only does the progressive have different effects on different types of verbs, but it has also different effects on different speech acts* (1988: 65).

Dass die Angelegenheit in Wirklichkeit noch viel komplizierter ist, dass im Englischen Raum und Zeit textintern verschieden vom Deutschen organisiert werden, hat etwa von Stutterheim (1997) aufgezeigt. Es ist also kein Wunder, dass hier von deutschen Lernern aller Stufen so viele Fehler gemacht werden. Auch nur einen Teil dieser linguistischen Erkenntnisse beim Sprechen bewusst *on-line* zu bedenken, ist nicht leistbar.

Nachdem Chomsky inzwischen etwa ein halbes Dutzend Versionen seiner Generativen Grammatik vorgelegt hat, ist die Relativität jedes sprachwissenschaftlichen Ansatzes nicht mehr zu übersehen. *At present no approach can claim mainstream status* (Joseph 1995: 230), *languages are ultimately rhetorical constructs* (Joseph 1997: 40). *Languages as we know them are always contructed by a we that is itself contructed so as to generate the fictions of systematicity, communicability, identity, and so on, which are integral to the archefiction, the concept of a language* (ibd.: 41).

Wer will, kann ja das Aufzeigen der vielfachen Unangemessenheiten unserer Schulgrammatiken im Vergleich mit authentischer Sprache (wie es Mindt mit Hilfe des Computers erbringen konnte) als Hinweis darauf verstehen, dass Sprachen eben doch *public fictions* (Joseph 1997: 43) sind.

(h) Texte

Als Fingerzeig auf die Vieldeutigkeit von Texten sei nur ein Zitat von Roland Barthes angeführt, für den ein literarisches Werk grundsätzlich die Disposition der Offenheit hat. "Das Werk besitzt gleichzeitig mehrere Bedeutungen, und zwar aufgrund seiner Struktur, nicht infolge eines Unvermögens derer, die es lesen" (1967: 62).

Bei einem Blick zurück auf diesen ersten Teil, der Kurzbetrachtung der zu lernenden Sprache, sollen nur nochmals wenige Punkte betont werden:
(1) Alle Sprachzeichen der konkret erfahrbaren äußeren Sprache sind, einzeln betrachtet, unscharf, *fuzzy*. Um mit Sinn verwendet zu werden, brauchen sie Kotext und Kontext.
(2) Der Sprachlerner muss zunächst aus ihnen allen, d.h. auf jeder Sprachaspektebene (bei Laut, Wort etc.) das Typische herausfiltern, Prototypen bilden, deren Verhaltensweisen und ihre angemessenen Verwendungsmöglichkeiten herausfinden. Dazu genügt eine einmalige Erfahrung oder Erklärung der betreffenden Phänomene nicht.
(3) Die Phänomene müssen alle mit ihren Nachbarphänomenen abgeglichen werden. (Ein /i/ ist ja nur relevant, weil es in Opposition zu /e/ und anderen Selbstlauten steht.)
(4) Nirgendwo gibt es eine 1:1-Zuordnung von Sprachsymbol zu Bedeutung; überall besteht die Möglichkeit, dass Gleiches ungleich und Ungleiches gleich ist. (Beispiele: IO.IO h BIOLOGIE oder Aussprache von *no* und *know* bzw. 'heute' und 'Häute' etc.)
(5) Überall bedarf es neben des Sprachwissens eines situativen Vorwissens und generellen Weltwissens.

(6) Erst die Simultaneität verschiedener Aspekte, das relativ simultane Präsent-Sein verschiedener Sprachzeichen Laut/Wort/Struktur/Intonation etc. macht die Sprachzeichen für den Benutzer relativ eindeutig. Die Bedeutung muss konstruiert werden, und dies ist eine Leistung des jeweiligen Sprachbenutzers als Sprach- und Weltkenner. Ihm genügen die unscharfen (teilweise sogar fehlerhaften) Sprachzeichen als Auslöser für seine innere Sprache.

(7) Das Sprachsystem - jeder Sprache - ist von einer solchen Komplexität, zugleich mit allen Ebenen so eng verzahnt, dass es nur partiell bewusst zu handhaben ist.

Aber: Die Unvollkommenheit der Sprachzeichen von Sprache 1 als Auslöser für Sprache 2 braucht nicht störend zu sein, denn jeder Sprachbenutzer kann als Sprachproduzent auf das (kulturspezifische?) Prinzip der Kooperation seines Gesprächspartners rechnen, wie es etwa Grice mit seinen Konversationsmaximen skizziert hat.

II.   Wie kommt die Sprache in den Kopf des Lerners?

Es kann hier in diesem Rahmen kein Abriß des sprachlernpsychologischen Forschungsstandes geleistet werden. Es kann auch nicht darum gehen, sich zu einem der Lager zu rechnen, die sich im Bereich der Spracherwerbstheorien gebildet haben, entweder dem nativistisch-mentalistischen (das allein auf Angeborenheit bzw. Universalgrammatik setzt), oder dem kognitivistischen (das allein die kognitiven Leistungen des mehr oder weniger steuerbaren Lerners anzuerkennen bereit ist) noch dem interaktionistischen (das allein die soziale Komponente als entscheidend erachtet).

Wie einleitend bemerkt, als vom Fremdsprachenlernprozess als einem "nicht-linearen bio-psycho-sozialen Geschehen" die Rede war, scheint aus verschiedener Sicht, nicht zuletzt aus anthropologischer, ein Zusammenspiel aller dieser Dimensionen stattzufinden. Eine reduktionistische Sichtweise im Stil der Naturwissenschaften des 19. Jahrhunderts wird der Dynamik und Nichtlinearität der Spracherwerbsprozesse (Bleyhl 1997, 1998b) nicht gerecht. Alle drei Dimensionen, die biologische mit den dem Menschen angeborenen Dispositionen, die psychisch-kognitive, sowie die sozial-interaktive, sind in ihrem unentwirrbaren Zusammenspiel von Bedeutung.

1.   Erstspracherwerb, natürlicher Zweitspracherwerb, informeller Fremdsprachenerwerb und formaler Fremdsprachenunterricht

Selbstverständlich gibt es zwischen 'formalem Fremdsprachenunterricht' (vorwiegend sprachformorientiert), 'informalem Fremdsprachenerwerb' (vorwiegend inhaltsorientiert, in der reinsten Form als Sachfachunterricht in der Fremdsprache) und 'natürlichem Zweitspracherwerb' fließende Übergänge (Ellis 1985). Versucht man aber zu typisieren - wozu hier die Umstände zwingen -, so zielt formaler Fremdsprachenunterricht auf die Vermittlung deklarativen, bewussten Wissens über die Fremdsprache, das dann bewusst, etwa in Grammatikklassenarbeiten, unter Beweis gestellt werden soll. Ein solcher Unterricht (in der Nachfolge des klassischen Latein- oder Griechischunterrichts) erbringt Lernverhalten und Leistungskurven wie der Physikunterricht (Nold 1996). Es handelt sich bei formalem Sprachunterricht "wahrscheinlich um andere Lernprozesse" (Ellis ibd.: 22), als wenn Sprache im Gebrauch und für den Gebrauch gelernt wird.

Wie unterscheiden sich dagegen 'Erstspracherwerb' und 'natürlicher, informaler Zweitsprach- bzw. Fremdsprachenerwerb', die beide auf prozedurales sprachliches Gebrauchswissen gerichtet sind? Ein solcher Erwerb von Sprache 2, d.h. von Sprachkompetenz, von innerer Sprache, erfolgt vorwiegend unbewusst. (Das schließt nicht aus, dass man bestimmte Phänomene oder Wörter bewusst wahrnimmt oder sich bewusst merkt, etwa "Ach, 'Klatschmohn' heißt im Französischen *coquelicot!*") Dabei macht der Sprachlerner Gebrauch von allen bislang in seiner individuellen Geschichte gemachten sprachlichen wie nicht-sprachlichen Erfahrungen.

Wenn er sich zu einer Sprachäußerung veranlasst sieht, greift er natürlich wieder auf sein Wissen zurück, das ihm zur Verfügung steht. Weiß er nicht, d.h. hat er noch keine abgesicherte Erfahrung, wie man einen bestimmten Sachverhalt in der L2, L3 oder L4 ausdrückt, greift er eben zu dem Wissen, das ihm am plausibelsten erscheint bzw. sich ihm am schnellsten anbietet. Und dieses prozedurale Wissen alias Können ist dann oft genug die Intonation, das Lautsystem, die Lexik, die Syntax der L1. Der sogenannte Einfluss der L1 ist so notgedrungen um so stärker, je früher der Lerner in seinem Lernprozess zur Sprachproduktion in der Fremdsprache gezwungen wird. (Kinder entziehen sich diesem Zwang zur Produktion viel unbekümmerter als Erwachsene meinen, dies tun zu können.)

Werden solche Produktionsversuche als kommunikativ erfolgreich erlebt, reduziert sich die Notwendigkeit der Lerner, an ihrem L2-System weiterzubauen, selbst wenn der hierzu erforderliche Input als Sprachmodellmaterial verfügbar sein sollte. Damit entsteht die Gefahr der Fossilisierung. (Dies ist eine Gefahr, die Enthusiasten für die derzeit vielfach gepriesene Freiarbeit, Projektarbeit, das Selbstexplorieren zu übersehen scheinen, der die Lerner aber selbst - instinktsicher - zu entgehen suchen, indem sie bei solchen Aufgaben sich wieder der L1 bedienen.)

Sprachphänomene, die für den Lerner neu sind, bedürfen einer 'Inkubationszeit', wenn man will, einer 'Reifungszeit' im rezeptiven Sprachvermögen. Sie müssen abgeglichen werden mit dem bisherigen Wissen, müssen als (arbiträre) Symbole in ihrem Beziehungscharakter eingepasst werden ins betreffende sprachliche System, müssen auf ihr morphologisches Verhalten, auf ihre pragmatische Verwendung erkundet werden u. a. m. (Im Bezug auf Wortschatz sprach man früher vom 'passiven' Wortschatz. Zur Erinnerung: Im Durchschnitt verstehen Kinder ihre ersten 10 Wörter im Alter von 10.5 Monaten, sie sprechen ihre ersten 10 Wörter im Alter von 15.1 Monaten; die ersten 50 Wörter verstehen sie im Schnitt im Alter von 13.2 Monaten, die ersten 50 Wörter sprechen sie im Alter von 19.6 Monaten.)

Im traditionellen Fremdsprachenunterricht mit seinem Prinzip des Input = Output, des Präsentierens, Übens und Produzierens, wird diesem Bedürfnis nach einer Inkubationszeit kaum Rechnung getragen. Die Bedürfnisse der Lerner in neurolinguistischer Sicht (zur Ausbildung der notwendigen Neuronenverbindungen) und kognitiver Sicht (der Wert eines Zeichens, eines Symbols ergibt sich ja ausschließlich aus der Position innerhalb des Zeichensystems) werden unzureichend berücksichtigt. Da stattdessen die Lerner zur Produktion, zu Sprechhandlungen gedrängt werden, zu denen sie sich noch nicht fähig fühlen, entsteht einerseits die notorische Angst, die einsetzen muss, wenn man in der Öffentlichkeit der Klassengemeinschaft Leistungen zeigen soll, von denen man genau weiß, dass man ihrer nicht fähig ist. Andererseits kommt es zur unausweichlichen Frustration des Lehrers, weil trotz dessen methodisch überlegtem Vorgehen die Schüler Fehler machen, obwohl der Lehrer die Phänomene im einzelnen so klar dargelegt hatte.

2. Beispiel für eine Parallele im Erstspracherwerb, natürlichen Zweitspracherwerb und nichtlinearen, informellen Fremdsprachenunterricht: Erwerb des phonologischen Systems

Das Menschenkind ist, wenn es auf die Welt kommt, dank einer angeborenen Fähigkeit in der Lage, die ca. 100 Phoneme der natürlichen menschlichen Sprachen alle zu erkennen (biologische Dimension). Im Laufe des ersten Lebensjahres nimmt diese Fähigkeit weitgehend ab. Nicht aktivierte Neuronen im Gehirn atrophieren (Zusammenspiel Biologie - Umwelt). Mit sechs Monaten ist allerdings das das Kind umgebende muttersprachliche System fest etabliert (kognitive Leistung dank entsprechender Neuronenaktivierung: selektive Stabilisierung). Mit einem halben Jahr senkt sich auch der Kehlkopf; der Säugling hat nicht mehr den einem Primaten vergleichbaren Mundraum: er besitzt jetzt die physiologischen Voraussetzungen, die Laute der natürlichen Sprache zu produzieren. Und in der Tat setzt nun die Lallphase ein: zu dem intern fixierten Lautsystem wird ein motorisches Laut-Produktions-Programm entwickelt (kognitive Selbststeuerung über akustische Rückmeldung).

Wie die Forscher am MPI für Bio-Psychologie herausfanden (Papousek 1989), übt der Säugling die Produktion des neuen Lautes nur für sich allein und unterbricht sein Üben, wenn etwa die Mutter kommt (Verweigerung der Interaktion). Erst wenn das Kind mit seiner Produktion zufrieden ist, erwidert es den neuen Laut im Dialog mit der Mutter bzw. nimmt ihn wieder auf. Vom Auftreten der ersten Wörter, dem gravierenden Unterschied zwischen rezeptivem und produktivem Wortschatz, war schon die Rede. Interessant sind die ungeheuren individuellen Unterschiede beim Sprechenlernen der Kinder. Während die einen immer noch kein Wort sagen, sprechen andere schon hunderte. Während die einen analytisch, Wort für Wort, vorzugehen scheinen, sieht es aus, als ob andere synthetisch, ganzheitlich, vorgingen und gleich in ganzen, meist kaum verständlichen, Sätzen sprächen. Interessant ist auch, dass bei den großen individuellen Unterschieden dann wieder insofern Gemeinsamkeit auftritt, als etwa bei einem Einzelwortschatz von ca. 400 Wörtern (als "kritische Masse") die grammatische Entwicklung einsetzt (Marchman and Bates 1994). (Selbstorganisation der Sprache im Lerner als kognitive Leistung in Abhängigkeit von den Möglichkeiten der sozialen Interaktion bzw. modular funktionale Dissoziierung eines zunächst einfachen Systems im Verlauf des Entwicklungsprozesses, sobald ein kritischer Komplexitätswert erreicht ist.)

Interessant ist hier einmal die parallele Erkenntnis der entscheidenden Bedeutung der Lexik für die Syntax in den jüngsten Versionen der Generativen Grammatik und die entscheidende Bedeutung der Lexik für die Entwicklung der Syntax in der Spracherwerbsforschung. (Beide Erkenntnisse stehen im Gegensatz zum traditionellen Fremdsprachenunterricht, der stets die Syntax favorisierte, die Lexik aber vernachlässigte und damit auch das Sprachenlernen erschwerte.)

Eine für mich frappierende Parallele 'Erstspracherwerb' und 'Fremdsprachenlernen' besteht darin, dass sich 10-jährige deutsche Lerner des Englischen (genau wie erwachsene Lerner der Volkshochschule) genauso verhalten wie die von Papousek beobachteten Säuglinge, vorausgesetzt, man lässt sie, d.h. man zwingt sie nicht gleich zur Sprachproduktion: Sie verinnerlichen erst das englische Phonemsystem während der rezeptiven Spracherfahrungen im Unterricht und üben (nach Aussagen der Eltern) die Produktion zu Hause, wenn sie sich unbeobachtet fühlen. Sie üben die Laute und Wörter mit dem Kanarienvogel, der Puppe, den jüngeren Geschwistern etc. Erst wenn sie sicher sind, sprechen sie die Wörter vor den Eltern und schließlich in der Klasse. Große individuelle Unterschiede in der Selbstkritik und, davon abhängig, in der Sprechbereitschaft sind dabei zu beobachten, genau wie beim Erstspracherwerb.

Es sei gestattet, hier nochmals die Henry Kissinger-Anekdote zu wiederholen. Henry ist in den USA notorisch für seinen starken deutschen Akzent. Bekanntlich musste seine Familie, als er etwa 15 Jahre alt war, Deutschland verlassen. Henrys älterer Bruder spricht mit einem sehr viel weniger starken deutschen Akzent. Henry wurde einmal darauf angesprochen und um eine Erklärung gebeten. Seine Antwort war: *Well, he likes to listen, I like to talk.*

3. Sprachverstehen ist Sprachenlernen

Die moderne Wissenspsychologie gewinnt langsam Abstand von der mechanistischen Konzeption des Lernens, wie sie sowohl im Behaviourismus wie in dem Zweig der frühen Kognitionswissenschaft, die der Konzeption des menschlichen Gehirns als eines informationsverarbeitenden Computers angehangen hat, deutlich wurde (Bleyhl 1998b). Lernen war ja verstanden worden als die Aufnahme von Information, die durch Instruktion transferiert wird.

Für Piaget und die neue Wissenspsychologie (Gerstenmaier und Mandl 1995) entsteht Wissen aber aus der physischen oder mentalen Aktivität eines Individuums, wobei es in die Handlungsschemata des Einzelnen eingegliedert wird. In Bezug auf Spracherwerb hat Bruner schon länger von den drei Phasen des *Enaktiven* (Sprache wird zusammen mit Handeln erfahren), des *Ikonischen* (Sprache bezieht sich auf eine im Bild schon akstraktere Welt) und, falls die Sprachsymbole stabilisiert, einigermaßen 'geeicht' sind, des *Symbolischen* gesprochen. Auf den Gebrauch der Sprache in der Welt kann nicht verzichtet werden, denn ein zu schnelles Aufspringen auf die symbolische Stufe, wie es der lehrbuchorientierte traditionelle Fremdsprachenunterricht nur zu gerne versucht ist zu tun, birgt die Gefahr, dass dieses Vorgehen zur Verunsicherung, zur Ablehnung der anderen Sprache führt.

Die Bedeutung, die das Verstehen für den Spracherwerbsprozess hat, wird inzwischen immer deutlicher gesehen (Bleyhl 1984, Rüschoff und Wolff 1999: 38). Es gilt ihm im Fremdsprachenunterricht der Schule Raum zu geben; es gilt den Lernern Raum und Zeit zu geben, in sich das fremdsprachliche System aufzubauen. Und damit sind wir bei der Didaktik und Methodik der institutionalisierten Fremdsprachenunterweisung.

III. Grundsätzliches zum Spracherwerb - auch in der Schule

Die Säulen des traditionellen Fremdsprachenunterrichts sind dabei zu bersten. Das Sprachenlernen ist nicht so einfach steuerbar. Sprachenlernen funktioniert nicht, indem man - didaktisch ausgeklügelt - Sprache in kleine Stückchen zerhackt, einzeln die Lerner damit füttert, sie intensiv kauen lässt, und von ihnen verlangt, dass sie hinterher über Sprachkompetenz verfügen.

Das trifft allenfalls in gewisser Weise auf formalen Unterricht zu, auf deklaratives sprachliches Wissen über Sprache, etwa dass im Englischen bei der dritten Person Singular in der einfachen Gegenwart ein '-s' angehängt wird. Eine solche Regel kann man lernen; sie kann man auf Knopfdruck wieder hersagen. Ob man ihr entsprechend das '-s' aber an das Verb anhängt, wenn man einen Sachverhalt schildert, weil die gelernte Grammatikregel eine solche morphologische Änderung fordert, ist eine ganz andere Frage.

Einsprachiger Fremdsprachenunterricht kann aus systemtheoretischer Sicht betrachtet werden als die *Veränderung des Kommunikationssystems*, in dem sich der Lerner plötzlich befindet. In dieses hineingenommen zu werden, soll den Lerner veranlassen, die Sozial- bzw. Sprachgewohnheiten dieser anderen Kultur zu lernen, sich ihnen anzupassen. Die Veränderungen gegenüber seinem bisherigen Sozial- bzw. Sprachsystem wird er natürlich wahrnehmen, und je nachdem, ob er sich nun bedroht sieht oder nicht, wird er reagieren. Findet er sich bedroht, wird er versuchen, sich aus dieser Zone der Veränderung zurückzuziehen und in vertraute Gewässer zurückzurudern. Findet er dagegen die Veränderung, die Welt dieser 'anders' gearteten Kommunikation durchschaubar und bewältigbar, wird er abwarten und sich dort, wo er es sich zutraut, beteiligen. Falls ihm ein positiver Zuwachs winkt, wird er sich entsprechend engagieren.

Der *sprachliche Code* der Fremdsprache ist zunächst neu und weitgehend unbekannt. Das Wissen über das Verhalten der Menschen und der Dinge gilt primär aber weiter. Mit ihm, mit dem Vor- und Weltwissen muss der sprachliche Code geknackt werden, und dies geschieht eben in der Welt, im Agieren in der Welt, einem Agieren, das von adäquater Sprache begleitet wird.

Mit dieser Strategie wurde schließlich auch der Code der Muttersprache geknackt. Die Strategie des Beobachtens und des *Alles-miteinander-in-Beziehung-Setzens* war erfolgreich. Das ist eine Strategie, die die Stimmigkeit der Vorstellungen/Hypothesen überprüfen hilft, indem sie die Übereinstimmung der Dimensionen der Biologie (Körper mit all seinen Sinnen, Anlagen), der Psyche (Kognition, Gefühl) und der sozialen Interaktion überprüft. Die Experten, etwa die Lehrer, aber auch die Mit-

Lerner fungieren als Modell-Lieferanten - *feed forward* - oder geben Rückmeldung (*feedback*).

- Wie sieht konkret ein solcher lern-orientierter Sprachunterricht aus?

Bruners *erste Stufe* der *enaktiven Spracherfahrung* ist leicht nachvollziehbar bei Interaktionen im Klassenzimmer, etwa beim Einsatz des *total physical response* (Asher 1977, Bleyhl 1982). Während des Kolloquiums wurde dieses Vorgehen mit Schwedisch als Fremdsprache demonstriert. Sprache - und in kürzester Zeit viel Sprache - wird in vertrauter Umwelt erfahren. Dabei erhalten die Lerner sofortige Rückmeldungen über ihre Sinnkonstruktionen. Die Entschlüsselung des Codes kann - in Bezug auf die *konkrete Situation im Klassenzimmer* - immer unmittelbar an Ort und Stelle überprüft werden. Kaum je kann die Sinnzuordnung schneller und adäquater getestet, d.h. falsifiziert oder als 'viabel', als brauchbar, erfahren werden als in solchen Interaktionen (siehe Anmerkung).

Die *zweite, ikonische Stufe* entspricht im Erstspracherwerb dem Vorlesen von Bilderbüchern. Sie erfolgt im Fremdsprachenunterricht, indem der Lehrer (oder auch eine Stimme von der Tonkassette) *außerhalb des Klassenzimmers liegende Gegenstände* anhand von *Bildern* benennt bzw. dargestellte Ereignisse in dadurch leicht zu verstehender Sprache beschreibt. Das Verstehen der Lerner wird durch deren Hinzeigen oder durch deren Ankreuzen von entsprechenden Bildern überprüft.

Die *dritte, symbolische Stufe* ist erreicht, wenn Lerner sich selbst ihre *Lektüre* wählen (wünschenswert am Anfang zusammen mit Bild und Tonkassetten [Elley 1991, Lightbown 1992]). Aber auch das ist nichts Neues, wenn man die Forschungsergebnisse des Erstspracherwerbs heranzieht. Diejenigen Kinder sind in der Schule die erfolgreichsten (was durchweg mit ihrer Kompetenz in der Sprache einhergeht), denen als Vorschulkindern am häufigsten vorgelesen wurde. Sie haben die meiste Spracherfahrung und damit den größten Wortschatz, sie wissen um die Möglichkeiten der schriftlichen Informationsquellen, und sie haben Bücher und Sprache auch emotional schätzen gelernt. - Dass Lehrer eventuell formorientierte Fragen ihrer Lerner im Unterricht zu beantworten suchen, ist selbstverständlich (vgl. auch Weskamp [1995] zu Fragen des Übens).

- Noch ein Wort zum Lehrbuch gerade im Anfangsunterricht:

Ein Lehrbuch im Fremdsprachenunterricht muss sich daran messen lassen, ob es diesen Anforderungen an das Lernen und den Bedürfnissen der Lerner entspricht. Das alte Lesebuch des muttersprachlichen Unterrichts kam ihnen in vielen Aspekten erfreulich nahe.

Das Lehrbuch hat mit zwei prinzipiellen *Schwächen* zu kämpfen.
1. *Beschränkung auf Schrift*. Das Lehrbuch ist traditionell auf die symbolische Seite der Sprache, ihre schriftliche Form, beschränkt. Wenn es der Lehrer nicht versteht, die sprachlichen Erscheinungen vorher im direkten Kontakt von Sprache und Welt erfahren zu lassen, wird das Lehrbuch allein wenig Bleibendes bewirken. Im Anfangsunterricht ist das Lehrbuch somit in erster Linie das Netz unter dem Hoch-

seil der neuen Sprache; es ist Leitfaden für einen handlungsorientierten Unterricht, bei dem eben das Lehrbuch nicht zwischen Schüler und Sprache tritt. Ist der Lerner jedoch auf der Höhe, dass er die Alphabetisierung in der Fremdsprache geschafft hat, haben Lehrbuch und Lehrer die Aufgabe, dem Lerner das Lehrbuch möglichst schnell überflüssig werden zu lassen, es sei denn, es erfüllt für eine Weile die o. a. Aufgabe des alten Lesebuchs im muttersprachlichen Unterricht.

2. *Zu geringes Sprachangebot.* Das Lehrbuch bietet im Allgemeinen zu wenig Sprache. Der Unterricht hat aber von Anfang an dem Kriterium der "kritischen Masse" an Spracherfahrung zu entsprechen. Doch hier wird sich jedes Lehrbuch immer schwer tun, weil seine aufwendig gewordene Ausstattung kostenmäßig mit dieser 'Masse' an Texten in Konflikt gerät.

Schrift setzt primär eben Verstehen gesprochener Sprache voraus. Die Aufgabe der Schrift ist, im Kopf des Lesers Sprache entstehen zu lassen, den Leser zu "entsprechender" Konstruktion von Sprache im Kopf zu veranlassen. Deswegen hat Schrift den Kriterien des Lesers zu genügen, nicht denen des Schreibers. (Dies nicht gesehen zu haben, war ein irriger Grundansatz mancher Rechtschreibreformer.)

Voraussetzung für erfolgreichen Sprachunterricht ist, hier gibt es gerade für Deutsch bei Ausländerkindern stichhaltige Untersuchungen, dass das *Verstehen gesprochener Sprache* gegeben ist. Hat es der Unterricht bzw. das Leben nicht geschafft, den Lerner soweit zu bringen, dass er beim Verstehen der gehörten Sprache keine gravierenden Probleme mehr hat, so kann der Lerner im Handhaben geschriebener Sprache beim Recodieren und Dekodieren zwar durchaus achtbare Ergebnisse in der Handhabung formaler Aufgaben erreichen (bei Grammatikklassenarbeiten z. B.). Ein solcher Lerner erreicht aber kein Leseverstehen. Er wird in der Fremdsprache ein potentieller Analphabet bleiben, genau wie viele türkische Schüler in Deutschland. Selbstlernmaterial im Fremdsprachenbereich braucht zur Schrift eben die Lautung. *Die Schrift muss im Anfangsunterricht der Lautung nach- und untergeordnet bleiben.* Ist das phonologische System, ein Grundwortschatz und eine Elementargrammatik stabilisiert und das Wissen um Nachschlagemöglichkeiten gegeben, so ist rein inhaltsorientierter Gebrauch der Fremdsprache angesagt. (Im Fremdsprachenunterricht entspricht dies bilingualem Sachfachunterricht oder dem Auslandsaufenthalt.) Es wird entsprechend den Bedürfnissen des Lerners weitergelernt.

Das Lehrbuch bleibt somit der Interaktion des Lehrers mit den Schülern nachgeordnet, weswegen banaliter einerseits ein guter Lehrer mit einem schlechten Lehrbuch erfolgreich sein kann, andererseits ein schlechter Lehrer mit einem guten Lehrbuch nicht erfolgreich sein muss.

Fazit:

Dass man eine lebende Sprache am besten im Gebrauch lernt, ist im Grunde nichts Neues. Schon Kant, der Aufklärer, weist auf diesen Weg hin, wie nach ihm Goethe oder Wittgenstein. Kant zeigt damit für lebende Sprachen den Ausweg aus dem urpädagogischen Dilemma zwischen Zwang und Freiheit: "Man kann sie (Sprachen) entweder durch förmliches Memorieren oder durch den Umgang lernen, und diese letztere ist bei lebenden Sprachen die beste Methode" (Kant 1960: 31).

Anmerkung:

Total Physical Response hat zunächst nur die begrenzte Reichweite der konkreten Situation des Klassenzimmers. Doch können hier das phonologische System, ein Grundwortschatz und die Elementarstrukturen u. a. gefestigt werden, worauf anschließend etwa mittels geschriebener Texte weitergebaut werden kann.

Literaturhinweise:

Asher, James J. (1977): *Learning Another Language Through Actions. The complete teacher's guidebook.* Los Gatos, CA: Sky Oaks.

Barthes, Roland (1967): *Kritik und Wahrheit.* Frankfurt/M.: Suhrkamp.

Bland, Susan K. (1988): "The present progressive in discourse: Grammar versus usage revisited." *TESOL Quarterly* 22/1: 53-69.

Bleyhl, Werner (1982): "Variationen über das Thema: Fremdsprachenmethoden." *Praxis des neusprachlichen Unterrichts* 29/1: 3-14.

ders. (1984): "Haupthindernisse für einen erfolgreichen Fremdsprachenerwerb in der Schule." *Praxis des neusprachlichen Unterrichts* 31/2: 176-186.

ders. (1997): "Fremdsprachenlernen als dynamischer und nichtlinearer Prozess." *Fremdsprachen Lehren und Lernen (FLuL)* 26: 219-238.

ders. (1998a): "Selbstorganisation des Lernens - Phasen des Lehrens." In: Timm, Joh.-Peter (Hrsg.) (1998): 60-69.

ders. (1998b): "Fremdsprachendidaktik zwischen mechanistischem und quantenphysikalischem Weltbild." In: Hermann-Brennecke, Gisela / Geisler, Wilhelm (Hrsg.) (1998): 35-53.

Couchêne, Robert et al. (eds.) (1992): *Comprehension-Based Language Teaching: Current Trends.* Ottawa: Univ. of Ottawa Press.

Elley, Warwick. B. (1991): "Acquiring literacy in a second language: The effect of book-based programs." *Language Learning* 41/3: 375-411.

Ellis, Rod (1985): "The L1 = L2 hypothesis: A reconsideration." *System* 13/1: 9-24.

Gerstenmaier, Jochen / Mandl, Heinz (1995): "Wissenserwerb unter konstruktivistischer Perspektive." *Zeitschrift für Pädagogik* 41/6: 867-888.

Hermann-Brennecke, Gisela / Geisler, Wilhelm (Hrsg.) (1998): *Zur Theorie der Praxis und Praxis der Theorie des Fremdsprachenerwerbs.* Münster: Lit.

Joseph, John E. (1995): "Trends in Twentieth-Century Linguistics: An Overview." In: Koerner, E. F. K. / Asher, R. E. (eds.) (1995): 221-233.

ders. (1997): "The end of languages as we know them." *Anglistik* 8/2: 31-46.

Kant, Immanuel (1960): *Über Pädagogik.* (Herausgegeben von Theo Dietrich). Bad Heilbrunn: Klinkhardt.

Keller, Heidi (Hrsg.)(1989): *Handbuch für Kleinkindforschung.* Berlin: Springer.

Koerner, E. F. K. / Asher, R. E. (eds.) (1995): *Concise History of the Language Sciences.* Oxford: Pergamon.

Lightbown, Patsy M. (1992): "Can they do it themselves? A comprehension-based ESL-course for young children." In: Couchêne, Robert et al. (eds.) (1992): 353-370.

Marchman, Virginia A. / Bates, Elizabeth (1994): "Continuity in lexical and morphological development: a test of the critical mass hypothesis." *Journal of Child Language* 21: 339-366.

Maule, David (1991): *The Naked Verb.* London: MacMillan.

Nold, Günter (1996): "Die Analyse kognitiver Verstehensstrukturen in verschiedenen Tätigkeitsbereichen des Fremdsprachenunterrichts." In: Schnaitmann, Gerhard W. (Hrsg.) (1996): 167-182.

Papousek, Mechthild (1989): "Stimmliche Kommunikation im frühen Säuglingsalter als Wegbereiter der Sprachentwicklung." In: Keller, Heidi (Hrsg.) (1989): 465-489.

Rüschoff, Bernd / Wolff, Dieter (1999): *Fremdsprachenlernen in der Wissenschaft.* Ismaning: Hueber.

Schnaitmann, Gerhard W. (Hrsg.) (1996): *Theorie und Praxis der Unterrichtsforschung.* Donauwörth: Auer.

Schwarz, Monika (1996): *Einführung in die kognitive Linguistik.* Tübingen: Francke, 2. Aufl.

Stutterheim, Christiane von (1997): "Zum Ausdruck von Zeit- und Raumkonzeptionen in deutschen und englischen Texten." *Zeitschrift für germanistische Linguistik* 25/2: 147-166.

Timm, Joh.-Peter (Hrsg.) (1998): *Englisch lernen und lehren - Didaktik des Englischunterrichts.* Berlin: Cornelsen.

Weskamp, Ralf (1995): "Üben und Übungen. Zur Notwendigkeit eines Paradigmawechsels im Fremdsprachenunterricht." *Praxis des neusprachlichen Unterrichts* 42/2: 121-126.

Lernziel "interkulturelle Kompetenz"
oder:
Wie zeitgemäß sind unsere Lehrwerke?

Dagmar Abendroth-Timmer

1. Einleitung

Lehrwerke haben eine lange Lebensdauer. Konzeption, Gestaltung, Erstellung und Publikation bedürfen ihrer Zeit und verursachen Kosten. Einfacher ist es daher, auf fachdidaktische oder gesellschaftspolitische Veränderungen durch eine aktualisierte Wiederauflage zu reagieren oder Lehrwerke aus anderen Ländern zu adaptieren.

Insofern rechtfertigt es sich, ältere Lehrwerke auf der Grundlage neuerer Erkenntnisse zu analysieren, wenn ihre Geschichte berücksichtigt und beachtet wird, dass sie von Lehrenden mit der Kenntnis neuerer didaktischer Ziele verwendet werden. Demgemäß wurden in der hier vorzustellenden Studie (vgl. Abendroth-Timmer 1998) elf Lehrwerke für die Zielsprachen Deutsch, Französisch und Russisch aus Deutschland, Frankreich und der ehemaligen Sowjetunion auf ihr Potential für interkulturelles Lernen untersucht. Vor der Ergebnisdarstellung der Analyse der deutschen Lehrwerke soll zunächst der Begriff des interkulturellen Lernens definiert werden.

2. Das Lernziel "interkulturelles Lernen"

Das Lernziel "interkulturelles Lernen" (IKL) wird in Deutschland von den Lernenden aus definiert. Begründung findet dies zum einen in der Bedeutung der von Hermeneutikern und Konstruktivisten geführten Diskussion um den Verstehensprozess, zum anderen in der Tatsache, dass der Kulturbegriff im deutschsprachigen Raum überwiegend vom Individuum aus definiert wird. Daher ist die Besonderheit von Kultur nach Hansen (1995: 168) das Wissen über typische Verschiedenheiten der Auslebung von vorgegebenen Standardisierungen des Fühlens, Handelns und Kommunizierens, nicht aber kollektive Gemeinsamkeiten.

Die deutsche Diskussion um interkulturelles Lernen zeigt sich in ihrer gesamten Breite in den *Arbeitspapieren der 14. Frühjahrskonferenz zur Erforschung des FSU* (Bausch/ Christ/Krumm 1994). Ihre Auswertung liefert grob zwei Konzepte (vgl. Edmondson 1994: 49). Im ersten Konzept wird von "interkultureller Kommunikationsfähigkeit" gesprochen. Hier wird eine deutliche Dreiteilung der Lerninhalte in Sprache, Wissen und Einstellungsveränderung vorgenommen, so z. B. bei Baumgratz et al. (1989: 42) oder Erdmenger (1991: 20). IKL derart verstanden hat einen prozessualen Charakter. Im zweiten Konzept wird stärker die affektive Lerndimension betont (vgl. Freudenstein 1994: 58). Der Ansatz hat sich aus dem Konzept der Ausländerpädagogik mit dem Ziel der Völkerverständigung entwickelt (vgl. Edmondson 1994: 49, Hunfeld 1994: 94 f., Krumm 1994: 116 f., Picht 1995: 70, Christ 1994: 35). Sprache erhält die

Funktion des Mittels zum Zweck (vgl. Edmondson 1994: 50). Ziel ist das Bewusstsein bezüglich der Situation, des eigenen und anderen sprachlichen Verhaltens, der Einstellungen gegenüber dem eigenen und dem anderen und möglicher Wirkungen auf den anderen durch diese Komponenten. Inhaltsvermittlung ist nebengeordnet (vgl. Christ 1994: 31). IKL ist statt dessen ein unabschließbarer Prozess, in dem das andere immer wieder neu erschlossen werden muss, da es sich immer wieder anders darbietet (vgl. ebd.: 34).

Unter Orientierung an diesem Konzept wurde in der Studie (vgl. Abendroth-Timmer 1998: 179) interkulturelles Lernen definiert als unterrichtliche Vorbereitung auf spätere anderskulturelle Begegnungen durch die Beschäftigung mit der anderen und der eigenen Kultur unter Bewusstmachung des Wechselspiels zwischen Kultur, Wahrnehmung, Identität und Sprache. Angezielt wird dies durch die momentane Veränderung von Einstellungen, Vorurteilen und Stereotypen gegenüber der anderen und der eigenen Kultur und deren Mitgliedern mittels Förderung affektiver Lernziele, d.h. unter Einsatz kognitiv und affektiv ausgerichteter Lernverfahren und deren Bewusstmachung. Dieser Definition liegen folgende Annahmen zugrunde (vgl. Abendroth-Timmer 1997: 86-88):

1. Kulturelle Identitäten sind als individuelle Interpretationen zu verstehen.
2. Individuelle kulturelle Identitäten entstehen kommunikativ in sozialer Interaktion.
3. Verhaltensweisen sind individuelle Reaktionen auf die Lebenswirklichkeit.
4. Die individuelle kulturelle Identität bezieht sich auf eine kollektive Ebene.
5. Die Stabilität kultureller Identität beeinflusst den Verstehens- und Lernprozess.
6. Verstehensprozesse erfolgen auf einer affektiven und kognitiven Dimension.

Interkulturelle Lernprozesse sind solche, die den Lernenden ein Bewusstsein ihrer individuellen kulturellen Identität vermitteln. Dabei wird den Lernenden verdeutlicht, dass es keine Entität zwischen Sprache, Nation und Kultur gibt. Sinnvoller als die Vermittlung von Fakten oder spekulativen Informationen zu Verhaltensregularitäten im anderen Land ist daher, eine Sensibilität für mögliche Unterschiede zu schaffen.

Die einzelnen in der Diskussion um interkulturelles Lernen ermittelten Verfahren, die dazu dienen, diese Sensibilität für das eigene und andere anzubahnen, sollen im Folgenden anhand der analysierten Lehrwerke illustriert werden.

3. Lehrwerke auf dem Prüfstand interkultureller Lernziele

3.1 Die Erarbeitung des Verhältnisses von Kultur und Sprache

Während sich Knapp/Knapp-Potthoff (1990) auf einer theoretischen Ebene mit der Arbeit am Verhältnis zwischen Kultur und Sprache beschäftigen, liefern andere Didaktiker konkrete Vorschläge (Pauldrach 1992: 11 f., Quasthoff 1986, Raasch 1995: 76 f., Fix 1991: 142 f., Spillner 1995). Die sprachlichen Unterschiede sollen in ihren größeren kulturellen Rahmen eingeordnet werden. Müller (1992: 138-150) plädiert für eine stärkere Darstellung interkultureller Kommunikationssituationen in Lehrwerkdialogen. Dies stellt tatsächlich ein Desiderat dar.

Die Analyse hat ferner ergeben, dass kulturell konnotierte Begriffe in allen Lehrwerken eingearbeitet wurden. Dabei wird in *RENDEZ-VOUS* (für die Zielsprache Französisch: →F) hinsichtlich des Wortschatzes das entdeckende Lernen gefördert. In *Pont NeuF*→F sollen Straßennamen (vgl. Lehrerhandbuch = Lhb: 64) und Sprichwörter (vgl. Lehrbuch = Lb: 64, Lhb: 73), aber auch einzelne Wörter und ihre Bedeutung (wie "links" und "rechts") betrachtet werden (vgl. Lb: 139, Lhb: 145). In *MOST* (für die Zielsprache Russisch: →R) dienen deutschsprachige landeskundliche Texte der Semantisierung von Begriffen. Als Kontaktpunkt mit der russischen Mentalität werden hier ferner Sprichwörter genutzt (vgl. Lhb: 8). In *Zdravstvujte!*→R werden Lakunen dagegen in Fußnoten semantisiert, ein Verfahren, das in Lehrwerken der ehemaligen Sowjetunion zu finden ist.

3.2 Affektives und kognitives Lernen

Die Veränderung von Einstellungen kann über affektive, kognitive und metakognitive Prozesse angebahnt werden. Affektive Prozesse werden durch Verfahren gefördert, bei denen sich die Lernenden in Mitglieder der anderen Kultur eindenken, einfühlen und ihre Identität körperlich sowie sprachlich nacherleben (vgl. Feldhendler 1990). Ein anderes Verfahren ist der Einbezug kultureller Symbole (vgl. Schwerdtfeger 1991: 249). Dabei wird die Systemebene der Kultur dargestellt, um eine affektive und kognitive Auseinandersetzung mit der Zielkultur anzubahnen.

Besonders die Bedeutung literarischer Texte ist hervorzuheben (vgl. z. B. Weinrich 1983, Ehlers 1992, Huda 1994, Schinschke 1995, Bredella 1996a, b, Christ 1996, Wendt 1996). Literatur stellt Emotionen dar und ruft Emotionen hervor. Die Lernenden können sich bewusst oder unbewusst mit den Protagonisten identifizieren und die andere Welt aus der anderen Perspektive heraus wahrnehmen. Allgemein gültige Interpretationen müssen danach zugunsten der Beschäftigung mit subjektiven Perspektiven ausgeschlossen werden (vgl. Bredella 1996a: 5, 11, Ehlers 1992, Königs 1994: 105). Wichtig ist die Reflexion dieser affektiven Prozesse beim Lesen (Hunfeld/Neuner 1993: 125, Einhoff 1993: 253, Ehlers 1992: 57). Die Wissensvermittlung kann diesen Reflexionsprozess und die vorhergehende Perspektivenübernahme auf der kognitiven Ebene unterstützen (vgl. Schinschke 1995, Edmondson 1994).

Der Einsatz literarischer Texte dient in *RENDEZ-VOUS*→F und *Pont NeuF*→F dazu, kontextualisierte individuelle und authentische Perspektiven bezogen auf das jeweilige Thema einzubringen.

Landeskundliche Texte, wie in *MOST*→R, dienen den Lernenden der Bewusstmachung kultureller Aspekte in Lektionstexten. Sie versuchen ferner, Lernende vor falschen Erwartungen zu schützen oder allgemein zu informieren. Sie fördern überwiegend eine kognitive Auseinandersetzung mit der eigenen und anderen Kultur.

Dabei kann bemerkt werden, dass erstellte Texte verschiedener Textsorten in allen Lehrwerken besonders die Perspektive der Ausgangssprachensprecher und der Lernenden einbeziehen können.

Schließlich bergen Lieder ein Potential für affektives Lernen und die bewusste Auseinandersetzung mit dem emotiven Gehalt der Sprache. *Zdravstvujte!*→R setzt Lieder zur Motivation ein, wohingegen in *RENDEZ-VOUS*→F Chansons explizit die Rolle haben, die andere Kultur und andere Mentalitäten darzustellen (vgl. Lhb: 82).

3.3 Wahrnehmungsschulung

Das Verfahren der Wahrnehmungsschulung wird in der Diskussion um interkulturelles Lernen stark betont. Kultur ist nicht nur eine Form der Organisation der Umwelt, sondern auch eine Form ihrer Erfassung. Ehlers (1992: 62) setzt Wahrnehmungsfähigkeit sogar mit dem Verstehen gleich. Dieser Prozess läuft nach Hanvey (vgl. Meißner 1996: 156 f.) in folgenden Stufen ab:

Niveau 1.1: Unreflektierte eigenkulturelle Wahrnehmungsebene. [...]
Niveau 1.2: Bewusstheit der eigenen Andersartigkeit. [...]
Niveau 2.1: Differenzierung des Vorurteils. [...]
Niveau 2.2: Umarbeitung des Autostereotyps durch Fremdperspektiven. [...]
Niveau 3:   Wie [der Andere] fühlen und handeln. [...]

Schwerdtfeger (1991: 250) und Kaikkonen (1994: 59 f.) setzen ein Niveau davor an, nämlich bei der Wahrnehmungsbereitschaft.
Entsprechend der Diskussion bieten besonders *Pont NeuF*→F und *RENDEZ-VOUS*→F eine Fülle an Übungen und Aufgaben zur Generierung von Hypothesen an. Speziell Bildmaterial liefert in allen Lehrwerken Anlass zu Gesprächen.

3.4 Die Auseinandersetzung mit dem Eigenen und Anderen

Interkulturelles Lernen beginnt immer bei der Kultur und Erfahrungswelt der Lernenden (Freudenstein 1992: 250 f., Hunfeld/Neuner 1993: 106-108, 124). Neuner (1988b) setzt die Verstehens- und Interpretationstätigkeit der Lernenden daher bei universellen Erfahrungsschemata an, d.h. an Stellen, wo eine Übereinstimmung zwischen dem Eigenen und dem Anderen vorliegt wie "Personale Identität, Familie und Gemeinschaften, Wohnen, Umwelt etc.". Dies ist ein nicht unumstrittenes Konzept (vgl. Neuner 1994b: 24 f.). Zum einen stellt sich die Frage nach der Universalität der Themen. Es ergibt sich die Gefahr der Vereinnahmung des Anderen, das in seiner Andersartigkeit nicht wahrgenommen wird. Als Gegenmodell sind die Vorschläge von Schinschke (1995) zu nennen. Die von ihr besprochenen Texte sind durch ihre fremdperspektivische Ausrichtung schwer zugänglich und veranlassen Lernende dadurch zur kognitiven Auseinandersetzung mit dem Anderen.

Hierzu dienen in *Zdravstvujte!*→R fremdperspektivische Abbildungen. Die Texte spiegeln die Sicht von Ausgangs- und Zielsprachensprechern wider, wobei die Identifikationspersonen Russischlerner aus verschiedenen Ländern sind. In *MOST*→R ist die Perspektive der Zielsprachensprecher von besonderer Bedeutung. Hier wird das eigene Land nur soweit einbezogen, wie es für das Verständnis des Anderen nötig ist. Zudem werden die Lernenden aufgefordert, nicht über Deutschland, sondern über ihr Land zu berichten. Damit entsteht eine multikulturelle Sichtweise.

In *RENDEZ-VOUS*→F bekommen Äußerungen der Lernenden über sich eine wichtige Funktion. Zugleich werden Übungen und Aufgaben angeboten, die eine Übernahme anderer Rollen erlauben. Dies dient der Wahrnehmung der eigenen und anderen Lebenswirklichkeit (vgl. Erdmenger 1991, House 1994).

Viele Möglichkeiten zur Einbringung der Lernerperspektive bietet *Pont NeuF*→F durch Bildmaterial und Aufgaben. Verstärkt wird die interpretatorische Offenheit durch den Einbezug von Protagonisten, die Französisch lernen, aber deren Ausgangssprache nicht Deutsch ist, und Protagonisten aus verschiedenen frankophonen Ländern.

3.5 Die Betrachtung von Einstellungen, Vorurteilen und Stereotypen

Nach Quasthoff (1988: 56) kann die Veränderung von Stereotypen durch die Analyse des Verhältnisses zwischen dem Eigenen und dem Anderen erfolgen (vgl. auch Bausinger 1988: 168 f., Steinmann 1992: 221, Nünning 1994). Dazu dienen laut Pauldrach (1987: 34-36) die Kontrastierung, die klischeehafte und leicht utopische Übertreibung und die ironische, satirische Distanzierung.

In *Pont NeuF*→F werden Aufgaben geliefert, die den Lernenden Assoziation zur anderen Kultur abverlangen. So sollen sie Vermutungen aufstellen, was Franzosen an Deutschland gefallen könnte, und erfahren umgekehrt, was anderen Französischlernenden an Frankreich gefällt (vgl. Lb: 19, Lhb: 27).

RENDEZ-VOUS→F widmet dem Thema Stereotype einen eigenen Abschnitt im Lehrerhandbuch (vgl. Lhb: 96, 145). Die Vorsicht gegenüber Stereotypen führt dazu, dass sie in der 15. Lektion thematisiert werden.

Eine gesprächsfördernde Aufgabe liefert *MOST*→R. Die Lernenden schreiben Briefe aus einem fiktiven Urlaub in der ehemaligen Sowjetunion. Diese werden ausgetauscht und besprochen (vgl. Lb: 67, Lhb: 32).

3.6 Multiperspektivität im Lehrwerk und im Unterrichtsprozess

FSU muss verschiedene Aussagen einander gegenüberstellen, um den Lernenden ein ausgewogenes Bild vom Zielsprachenland zu vermitteln (vgl. Pauldrach 1987: 33, Picht 1995: 68, Müller 1992: 152). Dabei dient besonders die geschichtliche Perspektive dem Verstehen (Huda 1994).

Ferner stellt sich die Frage nach geeigneten Textsorten. Krusche (1989: 24) stellt fest, dass "poly-perspektivische" Texte Lernende abschrecken, wohingegen "monoperspektivische" Texte zur Stellungnahme auffordern. Weinrich (1983: 203-211) betont den Wert der Literatur, der darin liegt, dass unterschiedliche Kommunikationssituationen und -mittel sowie Perspektiven (vgl. Bredella 1996a: 15) dargestellt werden. Perspektiven können ferner im Unterricht in Rollenspielen verarbeitet werden.

Königs (1994: 105) dagegen verfährt sprachbezogen-landeskundlich, wenn er sich zur Arbeit mit Perspektiven Assoziationsübungen bedient. Dazu sollen neu gelernte Begriffe aus der eigenen und der anderen Perspektive beschrieben werden.

Besonders in *RENDEZ-VOUS*→F und *Pont NeuF*→F ist Multiperspektivität wichtig, wobei Originaltexte verschiedener Art, literarische Texte, Befragungen etc. einen besonderen Stellenwert haben. In *RENDEZ-VOUS*→F werden statistische Angaben in weiteren Texten von Protagonisten relativiert. Beide Lehrwerke versuchen dabei die Entität zwischen Sprache, Nation und Kultur aufzubrechen.

Zdravstvujte!→R als Lehrwerk der kommunikativen Methode in ihrer ersten Form liefert dagegen Minidialoge, die so kurz sind, dass die Protagonisten kaum in ihren Perspektiven dargestellt werden können. In *MOST*→R gelingt dies besser.

Der Einsatz der geschichtlichen Perspektive erfolgt bei der Darstellung von Städten und Sehenswürdigkeiten in *RENDEZ-VOUS*→F. In *Pont NeuF*→F wird sie über Abbildungen, Interviews und utopische Texte (vgl. Lb: 140, 142) eingebracht. Sie dient in *MOST*→R dazu, den Lernenden Aspekte zu liefern, die zwischen der Ausgangs- und der Zielkultur ähnlich sind - wie die Religion (vgl. Lb: 103, 109 f.). Der geschichtliche Vergleich dient zugleich dazu, Überlappungen der Entwicklung der Kultur bezogen auf Generationen darzustellen (*MOST*→R, Arbeitsbuch = Ab: 63).

3.7 Vergleiche im Lehrwerk und im Unterrichtsprozess

Der Vergleich wird speziell in seiner Bedeutung für die Identitätsbildung hervorgehoben. Buttjes (1981: 5 f., 8f.), Raddatz (1996: 247), Hunfeld/Neuner (1993: 109, 117) bezeichnen ihn als das grundlegende Verfahren des IKL, da er das Verständnis für die Andersartigkeit der Zielkultur wecke und eine Ablehnung oder überstarke Bewunderung der anderen Kultur vermeide. Während Müller (1988: 34, 58) den Vergleich als Voraussetzung für Perspektivenübernahme und Verstehen betrachtet, setzt ihm Pauldrach (1992: 13) das Verstehen voraus.

In *RENDEZ-VOUS*→F werden die Lernenden jedoch nur selten explizit zum Vergleichen aufgefordert. Dies liegt zum einen am Prinzip des entdeckenden Lernens, zum anderen an der vorsichtigen Haltung der Autoren gegenüber Stereotypen und Vorurteilen. Explizite Vergleiche erfolgen überwiegend im Lehrerhandbuch. Nicht nur *RENDEZ-VOUS*→F (vgl. Lhb: 97, 145), sondern auch *Pont NeuF*→F (vgl. Lhb: 8) widmet dem Thema "Vergleich" einen Abschnitt im Lehrerhandbuch. Im Lehrbuch von *Pont NeuF*→F wird besonders der Vergleich innerhalb der Lernergruppe gefördert.

MOST→R weist im Lehrerhandbuch auf Vergleichsmöglichkeiten hin (vgl. Lhb: 23). Der explizite Vergleich erfolgt im Lehrbuch in Dialogen durch Gespräche der Protagonisten verschiedener Kulturen (vgl. Lb: 146). Insbesondere erfolgt der Vergleich in landeskundlichen Zusatztexten (vgl. Lb: 148). Weiterhin gibt es Aufgaben zum Vergleich innerhalb der Lernergruppe (vgl. Lb: 47).

Die Dialoge in *Zdravstvujte!*→R spielen im anderen Land. Zum Zweck des internationalen Buchvertriebs gibt es Sprecher verschiedenster Ausgangssprachen. Daher spielt der explizite Vergleich eine untergeordnete Rolle. Die Texte können aber durchaus Grundlage eines Vergleichs im Unterricht sein.

4. Schlussbetrachtung

Insgesamt zeigt sich, dass jedes Lehrwerk ganz eigene Mittel zur Anbahnung interkultureller Lernprozesse einsetzt. Die älteren Lehrwerke jedoch liefern nicht genügend

Übungen und Aufgaben zur ausschöpfenden Bearbeitung des Materials, das durchaus zur Darstellung gesellschaftspolitischer Veränderungen dienen kann.

Dagegen werden landeskundliche Fakten in neueren Lehrwerken wie *Pont NeuF→F* teils ins Lehrerhandbuch verlagert. Dies ist hinsichtlich der Vorstrukturierung von Assoziationen und Vergleichen von Bedeutung. Ihr Fehlen in *Pont NeuF→F* zwingt Lernende zum Fragen, kann aber umgekehrt dazu führen, dass weniger Fakten vermittelt werden. Gleichzeitig nehmen Einbringungsmöglichkeiten für die Lernenden zu.

Eine Lücke stellen Übungen zum emotiven Gehalt der Sprache dar. Es konnte weiterhin bemerkt werden, dass der Blick der Zielsprachensprecher auf das Ausgangssprachenland in den untersuchten Lehrwerken eine zu geringe Rolle spielt. Dennoch ist auf die Vielfalt eingebrachter Perspektiven hinzuweisen, die auf große binationale Autorenkollektive zurückzuführen ist.

Es kann geschlossen werden, dass Lehrwerke nicht allein durch ihr Veröffentlichungsdatum zum interkulturellen Lernen (un)geeignet sind. Interkulturelle Lernprozesse werden im Sinne der oben festgelegten Definition nicht durch die Aktualität von Fakten bestimmt, sondern durch die Auseinandersetzung mit diesen.

Literaturhinweise:

Analysierte Lehrwerke in chronologischer Reihenfolge

Sommet, Pierre / Wernsing, Armin Volkmar (1994): *Rendez-vous 1. Nouvelle édition. Französisch für Erwachsene. Le manuel.* Berlin: Cornelsen.

Sommet, Pierre / Wernsing, Armin Volkmar (1994): *Rendez-vous 1. Nouvelle édition. Le carnet d'exercices.* Berlin: Cornelsen.

Sommet, Pierre / Wernsing, Armin Volkmar (1994): *Rendez-vous 1. Nouvelle édition. Le vocabulaire.* Berlin: Cornelsen.

Runge, Annette (1995): *Rendez-vous 1. Nouvelle édition. Kursleiterhandbuch.* Berlin: Cornelsen.

Boiron, Michel / Delaud, Martine / Kleinheyer, Bernd / Sword, Jacqueline (1996): *Pont NeuF 1. Französisch für Erwachsene.* Stuttgart u. a.: Klett.

Bruchet, Janine / Delaud, Martine / Piedmont, René / Sword, Jacqueline (1996): *Pont NeuF. Arbeitsbuch.* Stuttgart u. a.: Klett.

Bernard, Sylvie (1996): *Pont NeuF. Guide pédagogique.* Stuttgart u. a.: Klett.

Köllö, Márta / Osipova, Irina / Vujovits, Inessa (1995): *Zdravstvujte! Ein Russischlehrwerk für Erwachsene. Lehrbuch 1.* (Guten Tag!). Ismaning: Hueber, 4. Aufl.

Köllö, Márta / Vujovits, Inessa (1995): *Zdravstvujte! Ein Russischlehrwerk für Erwachsene. Arbeitsbuch 1.* Ismaning: Hueber, 4. Aufl.

Horváth, M. (1987): *Zdravstvujte! Kniga dlja prepodavatelja.* (Guten Tag! Lehrerhandbuch). Budapest: International House.

Bauer-Negenborn, Gaby / Krist, Renate (1996): *Zdravstvujte! Ein Russischlehrwerk für Erwachsene. Lehrerhandbuch 1. Bearbeitung der russischsprachigen Ausgabe von M. Horváth.* Ismaning: Hueber, 4. Aufl.

Osipova, Irina (1988): *Zdravstvujte! Ein Russischlehrwerk für Erwachsene. Phonetisches Beiheft.* Ismaning: Hueber.

Adler, Irma / Bolova, Ljudmila / Dost, Julie / Zentner, Nelli (1993): *Modernes Russisch. MOST 1. Ein Russisch-Lehrwerk für Anfänger.* (Brücke). Stuttgart: Klett.

Adler, Irma / Bolova, Ljudmila / Dost, Julie / Zentner, Nelli (1993): *Modernes Russisch. MOST 1. Arbeitsbuch.* Stuttgart: Klett.

Adler, Irma / Bolova, Ljudmila / Dost, Julie / Zentner, Nelli (1993): *Modernes Russisch. MOST 1. Lösungsheft zum Arbeitsbuch.* Stuttgart: Klett.

Becker, Heliane (1994): *Modernes Russisch MOST 1. Lehrerhandbuch.* Stuttgart: Klett.

Zitierte Literatur

Abendroth-Timmer, Dagmar (1997): "Zum Potential von Lehrwerken für das Verstehen anderer Kulturen." In: Bredella, Lothar u. a. (Hrsg.) (1997): 76-100.

Abendroth-Timmer, Dagmar (1998): *Der Blick auf das andere Land. Ein Vergleich der Perspektiven in Deutsch-, Französisch- und Russischlehrwerken.* Tübingen: Gunter Narr.

Baumgratz, Gisela et al. (1989): *Entdeckende Landeskunde. Sprachenlernen in der interkulturellen Begegnung (unter besonderer Berücksichtigung von Kursen im Nachzertifikatsbereich Englisch und Französisch).* Frankfurt/Main: Deutscher Volkshochschulverband.

Bausch, Karl-Richard / Christ, Herbert / Krumm, Hans-Jürgen (Hrsg.) (1994): *Interkulturelles Lernen im Fremdsprachenunterricht.* Arbeitspapiere der 14. Frühjahrskonferenz zur Erforschung des Fremdsprachenunterrichts. Tübingen: Gunter Narr.

Bausch, Karl-Richard / Christ, Herbert / Krumm, Hans-Jürgen (Hrsg.) (1995): *Handbuch Fremdsprachenunterricht.* Tübingen, Basel: Francke, 3. Aufl.

Bausinger, Hermann (1988): "Stereotypie und Wirklichkeit." *Jahrbuch Deutsch als Fremdsprache* 14: 157-170.

Bredella, Lothar (1996a): "The Anthropological and Pedagogical Significance of Aesthetic Reading in the Foreign Language Classroom." In: Bredella, Lothar / Delanoy, Werner (Hrsg.) (1996): 1-29.

Bredella, Lothar (1996b): "Interkulturelle Begegnungen in literarischen Texten und Spielfilmen: Vorüberlegungen zu einer Didaktik des interkulturellen Verstehens." In: Bredella, Lothar / Christ, Herbert (Hrsg.) (1996): 59-88.

Bredella, Lothar / Christ, Herbert (Hrsg.) (1996): *Begegnungen mit dem Fremden.* Gießen: Ferber'sche Universitätsbuchhandlung.

Bredella, Lothar / Christ, Herbert / Legutke, Michael K. (Hrsg.) (1997): *Thema Fremdverstehen.* Tübingen: Gunter Narr.

Bredella, Lothar / Delanoy, Werner (Hrsg.) (1996): *Challenges of Literary Texts in the Foreign Language Classroom.* Tübingen: Gunter Narr.

Buttjes, Dieter (1981): "Kultur und Identität. Landeskundliches Lernen im Bereich Deutsch als Fremdsprache." *Zielsprache Deutsch* 12/3: 2-10.

Christ, Herbert (1994): "Fremdverstehen als Bedingung der Möglichkeit interkulturellen Lernens." In: Bausch, Karl-Richard u. a. (Hrsg.) (1994): 31-42.

Christ, Herbert (1996): "Der nahe Fremde und das ferne Fremde im fremdsprachlichen Literaturunterricht." In: Bredella, Lothar / Christ, Herbert (Hrsg.) (1996): 89-107.

Edmondson, Willis (1994): "Was trägt das Adjektiv ‚interkulturell' zu unserem Verständnis vom Lernen im Fremdsprachenunterricht bei?" In: Bausch, K. u. a. (Hrsg.) (1994): 48-55.

Ehlers, Swantje (1992): *Lesen als Verstehen. Zum Verstehen fremdsprachlicher literarischer Texte und zu ihrer Didaktik.* Kassel, München: Langenscheidt.

Einhoff, Jürgen (1993): "Der interkulturelle Ansatz - Denkanstoß für die Textaufgabe. Zur Frage der Konsequenzen des interkulturellen Ansatzes für die schriftliche Textarbeit." *Praxis des neusprachlichen Unterrichts* 40/3: 248-256.

Erdmenger, Manfred (1991): "Simulationen im landeskundlichen Fremdsprachenunterricht." *Der fremdsprachliche Unterricht - Englisch* 25/4: 20-23.

Feldhendler, Daniel (1990): "Dramaturgie et interculturel." *Le Français dans le Monde* 30/234: 50-60.

Fix, Ulla (1991): "Sprache: Vermittler von Kultur und Mittel soziokulturellen Handelns. Gedanken zur Rolle der Sprache und der Sprachwissenschaft im interkulturellen Diskurs 'Deutsch als Fremdsprache'." *Info DaF* 18/2: 136-147.

Freudenstein, Reinhold (1992): "Friedenserziehung als pädagogischer Auftrag beim Lehren und Lernen fremder Sprachen. Ein neues Lernziel auf dem Weg zum Unterrichtsprinzip." *Praxis des neusprachlichen Unterrichts* 39/3: 227-235.

Freudenstein, Reinhold (1994): "Alles interkulturell - oder was?" In: Bausch, Karl-Richard u. a. (Hrsg.) (1994): 56-62.

Hansen, Klaus P. (1995): *Kultur und Kulturwissenschaft: Eine Einführung.* Tübingen, Basel: Francke.

House, Juliane (1994): "Kontrastive Pragmatik und interkulturelles Lernen: von metapragmatischem Wissen zu kommunikativem Handeln." In: Bausch, Karl-Richard u. a. (Hrsg.) (1994): 85-93.

Huda, Hans-Georg (1994): "Landeskunde durch Literatur im Französischunterricht. Plädoyer für eine Rückbesinnung." *Praxis des neusprachlichen Unterrichts* 41/1: 57-61.

Hunfeld, Hans (1994): "Fern vom 'versöhnten Zustand'. Anmerkungen zum interkulturellen Lernen im Fremdsprachenunterricht." In: Bausch, K.-R. u. a. (Hrsg.) (1994): 94-100.

Hunfeld, Hans / Neuner, Gerhard (1993): *Methoden des fremdsprachlichen Deutschunterrichts. Eine Einführung.* München u. a.: Langenscheidt.

Kaikkonen, Pauli (1994): "Kultur und Fremdsprachenunterricht – einige Aspekte zur Entwicklung des Kulturbildes der Fremdsprachenlernenden und zur Gestaltung des schulischen Fremdsprachenunterrichts." In: Neuner, Gerhard (Hrsg.) (1994a): 54-70.

Knapp, Karlfried / Knapp-Potthoff, Annelie (1990): "Interkulturelle Kommunikation." *Zeitschrift für Fremdsprachenforschung* 1: 62-93.

Königs, Frank G. (1994): "Schillernd, aber spannend: Überlegungen zum Begriff des Interkulturellen Lernens." In: Bausch, Karl-Richard u. a. (Hrsg.) (1994): 101-108.

Krause, Burkhardt / Scheck, Ulrich / O'Neill, Patrick (Hrsg.) (1992): *Präludium: kanadischdeutsche Dialoge; Vorträge des 1. Symposiums, Thema: interkulturelle Germanistik: the canadian context.* München: iudicium.

Krumm, Hans-Jürgen (1994): "Interkulturelles Lernen im Fremdsprachenunterricht." In: Bausch, Karl-Richard u. a. (Hrsg.) (1994): 116-127.

Krusche, Dietrich (1989): "Zur Hermeneutik der Landeskunde." *Jahrbuch Deutsch als Fremdsprache* 15/1: 13-29.

Matusche, Petra (Hrsg.) (1988): *Wie verstehen wir Fremdes? Aspekte zur Klärung von Verstehensprozessen. Dokumentation eines Werkstattgesprächs des Goethe-Instituts vom 24.-26. November 1988.* München.

Meißner, Franz-Joseph (1996): "Konnotationen in fremden Sprachen und die Didaktik des Fremdverstehens." In: Bredella, Lothar / Christ, Herbert (Hrsg.) (1996): 155-175.

Müller, Bernd-Dietrich (1988): "Interkulturelle Verstehensstrategien - Vergleich und Empathie." In: Neuner, Gerhard (Hrsg.) (1988a): 33-84.

Müller, Bernd-Dietrich (1992): "Grundpositionen einer interkulturellen Didaktik des Deutschen als Fremdsprache." In: Krause, Burkhardt u. a. (Hrsg.) (1992): 133-156.

Neuner, Gerhard (Hrsg.) (1988a): *Kulturkontraste im DaF-Unterricht*. München: iudicium, 2. Aufl.

Neuner, Gerhard (1988b): "Fremdsprachlicher Text und universelle Lebenserfahrungen - Aspekte einer themenorientierten fremdsprachlichen Textdidaktik." In: Neuner, Gerhard (Hrsg.) (1988a): 11-32.

Neuner, Gerhard (Hrsg.) (1994a): *Fremde Welt und eigene Wahrnehmung. Konzepte von Landeskunde im fremdsprachlichen Deutschunterricht. Eine Tagungsdokumentation.* Kassel: Universität, Gesamthochschule.

Neuner, Gerhard (1994b): "Fremde Welt und eigene Erfahrung – Zum Wandel der Konzepte von Landeskunde für den fremdsprachlichen Deutschunterricht." In: Neuner, Gerhard (Hrsg.) (1994a): 14-53.

Nünning, Ansgar (1994): "Das Image der (häßlichen?) Deutschen. Möglichkeiten der Umsetzung der komparatistischen Imagologie in einer landeskundlichen Unterrichtsreihe für den Englischunterricht." *Die Neueren Sprachen* 93/2: 160-184.

Pauldrach, Andreas (1987): "Landeskunde in der Fremdperspektive. Zur interkulturellen Konzeption von DaF-Lehrwerken." *Zielsprache Deutsch* 18/4: 30-42.

Pauldrach, Andreas (1992): "Eine unendliche Geschichte. Anmerkungen zur Situation der Landeskunde in den 90er Jahren." *Fremdsprache Deutsch* 6: 4-15.

Picht, Robert (1995): "Kultur- und Landeswissenschaften." In: Bausch, Karl-Richard u. a. (Hrsg.) (1995): 66-73.

Quasthoff, Uta M. (1986): "Nichtsprachliches und 'semisprachliches Wissen' in interkultureller Kommunikation und Fremdsprachendidaktik." *Die Neueren Sprachen* 85/3: 230-253.

Quasthoff, Uta M. (1988): "Ethnozentrische Verarbeitung von Informationen: Zur Ambivalenz der Funktionen von Stereotypen in der interkulturellen Kommunikation." In: Matusche, Petra (Hrsg.) (1988): 37-62.

Raasch, Albert (1995): "Interculturalité – 'linguistiquement parlant'." *Zielsprache Französisch* 26/2: 73-78.

Raddatz, Volker (1996): "Fremdsprachenunterricht zwischen Landeskunde und Interkulturalität. Die Entwicklung didaktischer Parameter im Spannungsfeld von Produkt und Prozess." *Fremdsprachenunterricht* 40, 49/4: 242-252.

Robert-Bosch-Stiftung / Deutsch-Französisches Institut (Hrsg.) (1982): *Fremdsprachenunterricht und Internationale Beziehungen. Stuttgarter Thesen zur Rolle der Landeskunde im Französischunterricht.* Gerlingen: Bleicher.

Schinschke, Andrea K. (1995): *Literarische Texte im interkulturellen Lernprozess*. Tübingen: Gunter Narr.

Schwerdtfeger, Inge C. (1991): "Kulturelle Symbole und Emotionen im Fremdsprachenunterricht. Umriß eines Neuansatzes für den Unterricht von Landeskunde." *Info DaF* 18/3: 237-251.

Spillner, Gerd (1995): "Interkulturell-kontrastive Textarbeit." *französisch heute* 26/3: 292-296.

Steinmann, Siegfried (1992): "Vorurteile? Ja, bitte! Plädoyer für den redlichen Umgang mit Vorurteilen im Fremdsprachenunterricht." *Zielsprache Deutsch* 23/4: 217-224.

Weinrich, Harald (1983): "Literatur im Fremdsprachenunterricht - ja, aber mit Phantasie." *Die Neueren Sprachen* 82/3: 200-216.

Wendt, Michael (1996): "L'Etranger und andere Fremde im Französischunterricht." In: Bredella, Lothar / Christ, Herbert (Hrsg.) (1996): 127-154.

Wierlacher, Alois (Hrsg.) (1985): *Das Eigene und das Fremde: Prolegomena zu einer interkulturellen Germanistik.* München: iudicium.

Verbindungslinien zwischen fremdsprachendidaktischer und migrationsbezogener interkultureller Forschung[1]
Lehrwerkanalyse - interkulturelle Kommunikationsforschung - Mehrsprachigkeitsmodelle - Fremdsprachenunterricht

Evelyn Röttger

Nachdem die interkulturelle Fremdsprachendidaktik auf der einen Seite sowie die Interkulturelle Pädagogik und Zweitsprachendidaktik auf der anderen Seite einander in den vergangenen Jahren wenig zur Kenntnis genommen haben, werden in letzter Zeit Stimmen laut, die im Hinblick auf das Zusammenwachsen Europas und die zunehmende Mobilität und Migration eine weniger scharfe Trennung der interkulturellen A-(auslandsorientierten) und M-(migrationsbezogenen) Linie fordern.[2] In der interkulturellen M-Linie haben sich seit Anfang der 70er Jahre fünf Paradigmata zum Umgang mit kultureller (und sprachlicher) Pluralität in multikulturellen Klassen entwickelt:
- die *Defizit*-Hypothese, mit der die Forderung nach einer einseitigen Kompetenzerweiterung bei Kindern nicht-deutscher Herkunft erhoben wird,
- die *Differenz*-Hypothese, nach der die Vermittlung kultureller Unterschiede als relevant für den konstruktiven Umgang mit kultureller Differenz erachtet wird,
- die *Universalitäts*-Hypothese, mit der kulturelle und strukturelle Gemeinsamkeiten ins Zentrum des Interesses rücken,
- die *Egalitäts*-Hypothese, die strukturelle Ungleichwertigkeiten fokussiert und mit der für eine antirassistische Erziehung plädiert wird,
- die *Diversitäts*-Hypothese, nach der Multikulturalismus die Zugehörigkeit zu verschiedenen, im Unterricht zu thematisierenden sozialen Identitäten wie Ethnie, Geschlecht, Schicht und Religion umfasst.

Die migrationsbezogene Forschung befasst sich seit Mitte der 80er Jahre zunehmend mit Fragen, die die Universalitäts-, die Egalitäts- und die Diversitätshypothese aufwerfen. Die Kritik an der Differenz-Hypothese lautet hierbei, dass sie in sich geschlossene und unterscheidbare Kulturgebilde voraussetze, sich an der Konstruktion einer vermeintlich totalen Andersartigkeit beteilige und dadurch ethnozentrische Deutungsmuster begünstige. Die Hindernisse beim Zusammenleben von Mehrheit und Minderheiten seien zudem nicht in der Unterschiedlichkeit von Kulturen zu sehen, sondern in ethnozentrischen und rassistischen gesellschaftlichen Grundstrukturen, die es zu verändern gelte. Entsprechend wird Mitte der 90er Jahre für die interkulturelle A-Linie eine einseitige Befangenheit in einer kulturalistisch geprägten "Fremdenobsession" konstatiert und gefordert, neben ethnischen auch politische, sprachenpolitische und wirtschaftliche Ursachen von Ungleichheit, Vorurteilen und Rassismus zu untersuchen. (Krumm 1995: 158, vgl. auch Röttger 1996: 162 f.) Mit dieser Kritik wird implizit für den Einbezug einer egalitäts- und einer diversitätstheoretisch orientierten Perspektive auch in die interkulturelle Fremdsprachendidaktik plädiert und eine Verbindung kulturalistischer und dominanzkritischer Perspektiven auf interkulturelles Lernen und interkulturelle Studien für wünschenswert gehalten. Im Folgenden soll den Konsequenzen einer solchen Forderung zunächst für den Bereich 'Analyse interkultureller Lehrwerke' nachgegangen und gezeigt werden, wie die Terminologie der M-Linie für Lehrwerkanalysen nutzbar gemacht werden kann. Anschließend wird die pädagogische Begrifflichkeit bei einem Vergleich der A- und M-Linie in den Bereichen 'interkulturelle Kommunikationsforschung', 'Modelle zur Mehrsprachigkeit' und 'interkultureller Fremdsprachenunterricht in multikulturellen Klassen' verwendet, um Defizite in einigen fremdsprachendidaktischen Überlegungen zu interkulturellem Lernen und interkultureller Kommunikation sichtbar zu machen.

Analyse interkultureller Lehrwerke

In der fremdsprachendidaktischen Diskussion um interkulturelles Lernen gelten häufig die im Bereich Deutsch als Fremdsprache entwickelten interkulturellen Lehrwerke als besonders vorbildlich. Deshalb soll am Beispiel von *Sprachbrücke* (SB 1987; SB 1989), einem DaF-Lehrwerk für erwachsene Lernende in der Grundstufe, die Bedeutung der Begrifflichkeit der M-Linie für die Analyse interkultureller Lehrwerke vorgeführt werden.[3]

Die interkulturelle Ausrichtung von *Sprachbrücke* zeigt sich bereits in den ersten Lektionen, wo Konventionen bei der Anordnung von Vor- und Nachnamen, kulturspezifische Assoziationen bei Zahlen, unterschiedliche Verwandtschaftsbezeichnungen u. a. thematisiert werden. Eine monokulturelle Perspektive wird zudem dadurch vermieden, dass die Handlung in ein fiktives Lilaland verlegt ist, wo zahlreiche Begegnungen zwischen einer deutschen Familie und den Einheimischen stattfinden. Die drei Verfahrensweisen, die Müller (1994: 95 f.) als relevant für die Bewusstmachung der Grundlagen und Mechanismen interkultureller Kommunikation in Lehrwerken erachtet - Darstellung von interkulturellen Kommunikationssituationen, Darstellung von Bedeutung als kulturgeformter Einheit, Darstellung von interkulturellen kommunikativen Missverständnissen - sind in dem Lehrwerk umgesetzt, so dass es von Prinzipien einer interkulturellen Didaktik geprägt ist. Eine genauere Analyse lässt jedoch erkennen, dass eine Modifizierung und Erweiterung der von Müller genannten, differenztheoretisch orientierten Kriterien zur Einschätzung interkultureller Lehrmaterialien erforderlich ist. *Sprachbrücke*, das durchgängig zu Vergleichen zwischen der eigenen und fremden Kultur anregt, stellt die Erkenntnis kultureller Unterschiede in den Mittelpunkt. Dennoch wird angestrebt, eine stereotypisierende Sichtweise des Eigenen und des Fremden durch Multiperspektivität zu vermeiden, die auf zweifache Weise wirksam wird: Zum einen werden immer wieder, beispielsweise im Kapitel zum Perfekterwerb (SB 1987: 106), Sichtweisen von Deutschen in unterschiedlichsten Lebenszusammenhängen einbezogen. Zum anderen werden die Themenbereiche häufig, z. B. bei der Thematisierung des Stereotyps 'Die Deutschen arbeiten viel' (SB 1987: 104), aus der Perspektive von Angehörigen verschiedener Nationen dargestellt und kommentiert, was wiederum eine Relativierung der dargestellten deutschen Verhältnisse erlaubt. Im Lehrerhand-

buch heißt es dazu: "Deutsche Konventionen, Wertvorstellungen und Verhaltensmuster können nicht als eindeutige, unwandelbare Normen dargestellt werden. Sie sind vielmehr als recht ungenaue Verallgemeinerungen aus stark voneinander abweichenden Beobachtungen zu verstehen, die zumindest zum Teil auch in ihrer sozialen, historischen oder individuellen Widersprüchlichkeit gezeigt werden müssen." (SB 1990: 16) In der multiperspektivischen Repräsentation von Kultur(en) ist nicht nur eine klare Diversitäts-, sondern auch eine Egalitätsorientierung offenkundig. Denn die deutsche Sicht, die jeweils nur eine von mehreren ist, soll ausdrücklich nicht als Norm vermittelt werden. (SB 1990: 15) Entsprechend sind z. B. in dem Abschnitt "Wo und wie haben Sie Ihren Ehepartner kennengelernt?" (SB 1987: 202) die Aussagen eines Diplomchemikers aus Marokko, eines Journalisten aus Nigeria, einer Hausmeisterin aus Deutschland und einer Arbeitslosen aus den USA nebeneinander gestellt, was das Bemühen um eine gleichwertige Darstellung von Kulturen deutlich werden lässt. Trotz dieser m. E. überzeugenden, dynamischen interkulturellen Konzeption sind auf beiden Ebenen - Diversität und Egalität - Defizite sichtbar. So wird in dem Lehrwerk teils eine vermeintlich totale Andersartigkeit konstruiert: "Wir leben und denken ganz anders als Sie. Unsere Sitten, unsere Mentalität, Sie wissen doch...." (SB 1987: 90) sagt der Einheimische Tomi Tossu zum Deutschen Hans Klinger - eine Aussage, die nicht weiter problematisiert wird. In anderen Lektionen wird versäumt, zur Diskussion eingeführte Stereotypen wieder aufzulösen, beispielsweise wird eine (vermeintliche) asiatische 'Beweglichkeit' einem mangelnden deutschen 'Improvisationstalent' gegenübergestellt (SB 1987: 127). In einigen Lektionsteilen von *Sprachbrücke 2* (SB 1989) tritt der egalitätsorientierte, multiperspektivische Ansatz in den Hintergrund und weicht einer stärkeren Präsentation deutscher Geschichte und Kultur - eine implizit germanozentrische Konzeption, die griechische Studenten und Studentinnen mit den Worten "Den Deutschen gefällt's, ihr Haus zu loben" kritisierten. Auch einzelne Dialoge in *Sprachbrücke 1*, das ansonsten durch seine durchgängige Multiperspektivität wesentlich interkultureller ausgerichtet ist, scheinen einem interkulturellen Ansatz nicht gemäß. Die Unterwürfigkeit der Lilaländerin ("Sicher war es ungeschickt von mir, so zurückhaltend zu sein") steht in dem Lehrbuchdialog *Höflich - aber missverständlich* (SB 1987: 190) in einem Missverhältnis zu der souverän Rat erteilenden Gesprächspartnerin Frau Klinger. Zudem kann vor allem der Schluss des Dialogs den Eindruck erwecken, Deutsche seien meist offener als andere und die Einheimische werde als defizitär gegenüber einer (unterstellten) deutschen Verhaltensweise dargestellt. Lara Lenzi sagt zur Deutschen Gerda Klinger: "Theoretisch weiß ich ja, dass man bei Ihnen über vieles offener spricht als bei uns. Aber für mich ist es manchmal schwierig, mich genauso zu verhalten. Ich muss wohl lernen, auch mal über meinen eigenen Schatten zu springen."
Die an dieser Stelle nur angerissenen Zusammenhänge zwischen "Dominanzkultur und Interkulturalität" sind in Röttger (1998b) ausführlich dargelegt. Die dortigen Ausführungen zeigen in aller Deutlichkeit, dass sich interkulturelles Lernen nicht auf den Erwerb von Wissen und die Reflexion alltagskultureller Unterschiede und Gemeinsamkeiten beschränken darf, wenn Lernziele wie Offenheit oder Kommunikationsbereit-

schaft erlangt werden sollen. Vielmehr muss interkulturelle Fremdsprachendidaktik auch die fremd- und eigenkulturelle Kritik etablierter Herrschafts- und Abhängigkeitsverhältnisse sowie die kritische Reflexion fremder und eigener Höherwertigkeitsvorstellungen umfassen, da interkulturelle Studien und interkulturelles Lernen sich auf Interaktionen beziehen, in denen sich Unterdrückungs- und Abhängigkeitsverhältnisse widerspiegeln (vgl. auch Röttger 1996: 161 ff.).

Die Beispiele haben gezeigt, dass die eingangs genannten, differenztheoretisch orientierten Kriterien von Müller gerade für die Analyse *interkultureller* Lehrwerke nicht ausreichen. Zum einen unterliegt interkulturellen Lehrwerken ein kulturrelativistischer Anspruch, was eine Überprüfung ihrer Egalitätsorientierung erforderlich macht. Zum anderen wollen interkulturelle Lehrwerke Vorurteile abbauen und Stereotypen relativieren, was nur mit einer konsequenten Diversitätsorientierung erreicht werden kann. Die Konstruktion statischer Differenzen in interkulturellen Lehrwerken verfestigt Stereotypen und Vorurteile und verhindert, im Sinne einer universalitätsorientierten Perspektive, die Erkenntnis kultureller Gemeinsamkeiten.

Interkulturelle Kommunikationsforschung

In zahlreichen empirischen Studien der A- und M-Linie konnte in den letzten Jahren aufgezeigt werden, dass kultur- und sprachbedingte Interaktionsnormen interkulturelle Kommunikationssituationen negativ beeinflussen können. Während in vielen in der A-Linie entstandenen Arbeiten die Ursache für Fehlkommunikation in unterschiedlichen kulturellen Codes gesehen wird, werden in der M-Linie Fragen der Diskriminierung stärker ins Blickfeld gerückt. In Abgrenzung zur Fokussierung des Erklärungsmusters 'Kultur' wird hier verstärkt auf die Bedeutung von Machtverteilung und Machtkämpfen in interkultureller Kommunikation hingewiesen.

Während sich die interkulturelle Kommunikationsforschung in der M-Linie tendenziell als eine kritische Disziplin zeigt, die Rassismus und Eurozentrismus zu einem selbstverständlichen Bestandteil ihrer Forschung macht, fehlen solche Überlegungen in der linguistischen A-Linie weitgehend. Im Gegenteil wird in der A-Linie neuerdings unter Vernachlässigung von Zielen wie 'Vorurteile abbauen', 'ethnozentrische Sichtweisen vermeiden' für einen mehr sprachbezogenen Ansatz plädiert, der den Begriff der interkulturellen (kommunikativen) Kompetenz ohne die emotionale Einstellungskomponente begreift und bei dem interkulturelles Lernen als "ein überflüssiger Begriff" (Edmondson/House 1998, vgl. auch House 1996) erachtet wird. Da ein sprachbezogener Ansatz angemessener sei als ein Ansatz, der sich eher sozialen Zielen verpflichtet fühlt, sollen vorrangig die durch kontrastive Diskursanalyse gewonnenen Ergebnisse als Wissensgrundlage für die Vermittlung einer interkulturellen kommunikativen Kompetenz genutzt werden. Dass Fremdsprachenunterricht, der sich als interkulturell versteht, auch der Verfolgung sozio-affektiver Ziele dienen muss, haben die Ausführungen zu *Sprachbrücke* bereits deutlich gemacht. Darüber hinaus ist festzustellen, dass gerade die Kontrastive Pragmatik bzw. die kontrastive Diskursanalyse hinsichtlich der Problematik ethnozentrischer Sichtweisen einige kritische Punkte aufweist (vgl. Hinnenkamp 1994: 58f.):

Zum einen klammert der Ansatz der Kontrastiven Pragmatik sozialstrukturelle Misslingensbedingungen aus, die außerhalb der konkreten Sprachverwendung einzuordnen sind. Das sozialstrukturelle Verhältnis der beteiligten ethnischen Gruppen ist jedoch als eine wesentliche Ursache interkultureller Fehlkommunikation anzusehen. Da strukturelle Asymmetrien sich in Einstellungen und Haltungen, d.h. auch rassistischen Deutungsmustern, niederschlagen, verlangt die Förderung einer interkulturellen kommunikativen Kompetenz zwangsläufig den Einschluss der emotionalen Komponente. Der in der interkulturellen Diskursanalyse der A-Linie geäußerte Anspruch auf Verbesserung einer solchen Kompetenz kann also nur eingelöst werden, wenn die außersprachlichen Bedingungen zur Kommunikationsetablierung berücksichtigt werden, zumal der Erwerb von Sprachen im Konzept der interkulturellen Didaktik kein Selbstzweck ist, sondern der Verbesserung von Kontakten zwischen Angehörigen kulturell definierter Gemeinschaften dient. Der Zusammenhang von Rassismus und Sprache in interkultureller Kommunikation sollte also zu einem festen Bestandteil interkultureller Studien und interkulturellen Lernens werden.

Zum anderen legt die Kontrastive Pragmatik trotz zahlreicher intrakultureller Differenzen und interkultureller Überschneidungen die Annahme des Code-Kulturkontrasts als entscheidend zugrunde, obgleich, wie vor allem in der pädagogischen Kritik an der Differenzhypothese ausgeführt, die Konstruktion einer radikalen Unterschiedlichkeit ethnozentrische Einstellungen begünstigt. Die Erforschung und Didaktik interkultureller Kommunikation erfordern also nicht die Aufgabe der emotionalen Einstellungskomponente, sondern die Aufgabe einer dichotomischen Sicht auf Kulturen und Sprachen. House (1996: 8) weist zwar darauf hin, dass es sich bei den von ihr entwickelten Mustern kultur- und sprachbedingter Unterschiede im Diskursverhalten englischer und deutscher Muttersprachler nicht um Dichotomien, sondern um Kontinua handelt, beruft sich im Folgenden aber auf die Studien von Edward und Mildred Hall, Geert Hoofstede und Alexander Thomas, denen eine weitgehend dichotomische Sicht auf kulturelle Unterschiede unterliegt.

Modelle zur Mehrsprachigkeit

In der Fremdsprachendidaktik findet sich, analog zu den Entwicklungstendenzen in der Interkulturellen Pädagogik, häufiger die Besorgnis, interkulturelle Erziehung könne dazu dienen, Pädagogik an die Stelle von Politik zu setzen. Entsprechend wird in verschiedenen Veröffentlichungen zur Sprachenpolitik in Europa eine dominanzkritische Perspektive eingenommen, das asymmetrische Verhältnis zwischen Sprachen und Kulturen wird erkannt und benannt. Gleichzeitig zeigen sich jedoch Inkonsequenzen in den sprachenpolitischen Forderungen.

So verweist W. Christ (1997) zwar darauf, dass Europa nur bestehen könne, wenn sprachliche und kulturelle Identitäten gewahrt und respektiert würden, setzt sich aber vorrangig für die gleichwertige Behandlung der Arbeitssprachen der EU - Französisch und Deutsch neben Englisch - ein und offenbart so eine (west)eurozentrische Perspektive. Eine auf Mehrheiten in Europa konzentrierte Sicht spiegelt sich auch in der von Meißner (1993: 54) entworfenen Mehrsprachigkeitstypik wider, in der lediglich die großen europäischen Sprachfamilien (germanische, slawische und romanische Sprachen) erwähnt werden und in der weder kleinere europäische Sprachfamilien noch außereuropäische Minderheitensprachen Beachtung finden. Gleiches gilt für die von Henrici (1996: 195) befürwortete Sprachenfolge: Englisch als Leitsprache, eine in Europa quantitativ relevante Sprache als ergänzende Pflichtwahl und eine beliebige weitere Sprache als fakultative Zusatzsprache. Auch sie führt trotz des expliziten Anspruchs, auf eine eurozentrische Perspektive verzichten zu wollen und der Eröffnung der Möglichkeit, eine Minderheitensprache zu erwerben, zu einer Festigung der Asymmetrie im europäischen Sprachenpluralismus.

Vollmer setzt sich in einem Sammelband zum 15. Kongress für Fremdsprachendidaktiken 1993 mit der Thematik *Fremdsprachenlernen in multikulturellen Gesellschaften* auseinander und vertritt die Auffassung, dass die europäische Einigung die Bewältigung der Folgen von massenhafter Migration einschließe. Er weist explizit auf die Existenz von Dominanz- und Herrschaftsverhältnissen hin, "die die Gleichwertigkeit aller beteiligten Kulturgruppen faktisch in Frage stellen, wenn nicht außer Kraft setzen." (Vollmer 1995b: 496) In seinen *Konsequenzen für eine europäische Fremdsprachenpolitik* entwickelt er dann ein Modell einer

multilinguale(n) Erziehung für alle (...). Konkret heißt das: 1. Aufbau einer gesicherten Muttersprachenkompetenz für *jeden* Menschen, der in Europa lebt, 2. Beherrschung mindestens einer sonstigen europäischen Sprache mit weiter Verbreitung, und das kann nur bedeuten: einer der drei Verkehrssprachen (zugleich offiziellen Arbeitssprachen) Englisch, Französisch, Deutsch, ggf. auch des Russischen als vierter Verkehrssprache), 3. rezeptive oder wie auch immer sonst reduzierte Kompetenz in zumindest *einer* weiteren (lebenden) Fremdsprache (Tertiärsprache). (Vollmer 1995b: 499)

Auch in dieses Modell wird die Möglichkeit des Erwerbs einer, wenn auch reduzierten, Sprachkompetenz in einer Minderheitensprache integriert. Es steht jedoch offensichtlich ebenfalls in einem Missverhältnis zu dem Anspruch einer gleichberechtigten multilingualen Erziehung für *alle*, da ganz selbstverständlich von einer Bevorzugung der drei (ggf. vier) Verkehrssprachen ausgegangen wird und die Rolle der Zweitsprache von Migrantenkindern ignoriert wird. Auf die Folgen, die mit derartigen Überlegungen zur Mehrsprachigkeit verbunden sind, weisen insbesondere Vertreter der M-Linie hin. Sie haben wiederholt ausgeführt, dass viele Modelle zur Mehrsprachigkeit die Sprachen von Minderheitenangehörigen ausschließen, dass die Gesichtspunkte für die Bestimmung von Schulsprachen in erster Linie machtpolitischer Art sind und dass Sprachenkanon, Sprachenfolge und Stundentafeln als Elemente der Sprachenpolitik die Macht von Sprechergruppen bestimmen, somit die Existenz von Dominanz- und Herrschaftsverhältnissen verfestigen.

Wie gezeigt, folgen viele der von Fremdsprachendidaktikern entwickelten Modelle also entgegen dem Anspruch einer Gleichwertigkeit aller beteiligten Gruppen keiner dominanzkritischen, sondern einer auf wirtschaftliche Utilität und 'Markt-Tauglichkeit' gerichteten Perspektive. Mehrsprachigkeitskonzepte, die abgesehen von einer Befürwortung einer *lingua franca* Kriterien wie 'Arbeitssprachen der EU', 'Größe der europäischen Sprachfamilie' oder 'Grenznachbarn' in den Vordergrund rücken, sind jedoch abzulehnen, weil sie die Relevanz der Nachbarsprachen im eigenen Land, d.h. vor allem die Bedeutung der Minderheitensprachen, ignorieren und so eine Asymmetrie von Sprachen und Kulturen (re)produzieren. Auch wenn sich in Deutschland nicht zwangsläufig Einsichten der Fremdsprachenforschung mit bildungspolitischen Entscheidungen decken, sollten Forderungen nach dem Abbau bestehender Dominanz- und Herrschaftsverhältnisse ihre Glaubwürdigkeit dadurch beweisen, dass sie möglichst antilinguizistische Modelle von Mehrsprachigkeit entwerfen. Die Auswirkungen einer solchen Sicht auf Mehrsprachigkeit zeigt das Beispiel Australien, wo politische und akademische Interessen eine Einheit bilden und sprachliche Pluralität aktive Förderung erfährt.

Interkultureller Fremdsprachenunterricht in multikulturellen Klassen

Obgleich bereits Anfang der 80er Jahre vereinzelt die besonderen Anforderungen des Fremdsprachenunterrichts in einer multikulturellen Gesellschaft reflektiert wurden, setzen sich seitdem nur sehr wenige fremdsprachendidaktische Beiträge mit dem Problem der Fremdsprachenvermittlung in multikulturellen (und multilingualen) Klassen auseinander. So stellt Hermann-Brennecke (1992: 228 f.) der von ihr vertretenen Disziplin die Frage: "Was nützen Konzepte interkulturellen Lernens, die zwar die Präsenz von Angehörigen anderer ethnischer Gruppen zum Ausgangspunkt nehmen, ohne dass jedoch die Erfahrungswerte in alle Unterrichtsfächer eingehen?" Parallel zu den Überlegungen zur Mehrsprachigkeitsdidaktik kann auch für den Bereich der Fremdsprachenvermittlung konstatiert werden, dass in vielen Veröffentlichungen zwar ein Bewusstsein für die faktische Existenz vieler Sprachen und Kulturen in Regelklassen anklingt, die daraus gezogenen Konsequenzen aber von Widersprüchen geprägt sind. Beispielsweise geht Vollmer von der multikulturellen und multilingualen Realität "im eigenen Klassenzimmer" (1995a: 104) aus, das interkulturelle Potential *in* den Klassen findet aber keine konsequente Beachtung: "Bestenfalls können interkulturelle Kontaktsituationen im Klassenzimmer realitätsnah simuliert und auf sie vorbereitet (werden) (...)." (Vollmer 1995a: 124 f.) Auch Buttjes (1991: 2) beklagt, dass der Fremdsprachenunterricht die Chancen, die sich aus den Muttersprachen der Einwanderer bzw. Migranten ergeben, nicht nutze, gleichzeitig begrenzt er interkulturelles Lernen auf eine Wechselbeziehung zwischen *zwei* Kulturen und Sprachen. Beide Autoren schließen also implizit die Berücksichtigung von Multikulturalität und Multilingualität *im* Fremdsprachenunterricht aus, indem sie interkulturelles Lernen in multikulturellen Regelklassen nicht als ein multidirektionales, sondern ein bidirektionales Lernen betrachten.

Es wird deutlich, dass es im Hinblick auf den multikulturellen Charakter der westeuropäischen Gesellschaften notwendig ist, nicht nur, wie des öfteren gefordert, ein Umdenken bei Lehrenden und Lernenden zu erzielen, sondern schon bei Forschenden zu initiieren. Dem in der Fremdsprachendidaktik vorhandenen Bewusstsein für die Existenz multikultureller Regelklassen muss die konsequente Umsetzung dieses Gedankens in Unterrichtsvorschläge folgen, die die kulturelle und sprachliche Pluralität in Lerngruppen aufgreifen und sich dabei an dem Gedanken der Gleichwertigkeit von

Sprachen und Kulturen orientieren. Für die Erstellung solcher Unterrichtseinheiten könnte die interkulturelle Fremdsprachendidaktik vielfältige Anregungen aus der von der Interkulturellen Pädagogik beeinflussten DaZ-Didaktik beziehen, deren Augenmerk größtenteils auf eine Umsetzung der Differenzhypothese in multikulturellen und -lingualen Regelklassen gerichtet ist, in der die differenztheoretische Sicht teils aber auch durch egalitäts- und diversitätstheoretisch orientierte Unterrichtsvorschläge ergänzt wird.

Die gesellschaftliche Realität erfordert neben der Anerkennung der multikulturellen Schülerschaft auch den Einbezug der sozio-ökonomischen Dimension von Gleichheit und Ungleichheiten in den Unterricht. Während in der Interkulturellen Pädagogik und in der DaZ-Didaktik eine Entwicklung von interkultureller zu antirassistischer Erziehung festzustellen ist, wird in fremdsprachendidaktischen Zusammenhängen zwar ebenfalls auf die Notwendigkeit des Einbezugs dominanzkritischer Fragestellungen in interkulturelles Lernen und interkulturelle Studien verwiesen, Konsequenzen werden jedoch selten gezogen. Exemplarisch sei der einleitende Aufsatz zum 14. Kongress für Fremdsprachendidaktiken 1991 genannt, in dem die "Erforschung von Problemen der Fremd- und Eigenwahrnehmung, der affektiven und kognitiven Dimensionen von Interkulturalität, von Sprach- und Kulturkontakt, von Stereotypisierung, Ausländerfeindlichkeit, Diskriminierung und Rassismus sowie von multikultureller Realität" (Timm/ Vollmer 1993: 31) als eines von zehn Desiderata für die zukünftige Fremdsprachenforschung benannt wird. In der Folge fanden dominanzkulturelle Fragestellungen sowie multikulturelle Realität aber kaum Beachtung.

Von Unterschieden und Gemeinsamkeiten

In der Absicht, vorhandene Differenzen möglichst deutlich zu machen, wurde in den bisherigen Ausführungen eine starke Trennlinie zwischen den theoretischen Überlegungen der M-Linie einerseits und der A-Linie andererseits gezogen. Dieses geschah nicht in der Absicht, zu einer weiteren Polarisierung beizutragen, sondern Tendenzen aufzuzeigen und Widersprüche aufzudecken. Sicherlich hat mit dem interkulturellen Ansatz in der Fremdsprachendidaktik ein Umdenkungsprozess begonnen, mit dem Fremdsprachenunterricht nicht mehr selbstverständlich als ein Ort betrachtet wird, wo monokulturelles Denken aufgebrochen wird, kulturelle Grenzen überschritten werden und Ethnozentrismus abgebaut wird. Die Fortsetzung dieses Umdenkungsprozesses sollte jedoch darin bestehen, dass die Verbindungslinien zwischen interkultureller M- und A-Linie stärker zur Kenntnis genommen werden. Im Sinne einer integrativen Perspektive sind hier die Notwendigkeit und Unumgänglichkeit der Akzeptanz einer multikulturellen Schülerschaft, die Aufgabe einer dichotomischen Sicht auf Sprachen und Kulturen und der Einbezug dominanzkritischer Fragestellungen in die Diskussion der A-Linie um interkulturelles Lernen und interkulturelle Kommunikation zu nennen. Vor allem sollte sich die interkulturelle A-Linie ihrer politischen Funktion bewusst werden und ihre Glaubwürdigkeit dadurch beweisen, dass der Anspruch auf eine Gleichwertigkeit der Kulturen nicht nur propagiert, sondern konsequent umgesetzt wird.

Wie die dichotomische Sicht auf Sprachen und Kulturen aufgegeben werden sollte, sollten also die starren Trennlinien zwischen A-Linie und M-Linie aufgeweicht werden, zumal die veränderte politische Lage sowie die wachsende Mobilität in Europa zunehmend Mischformen von Lebens- und Lernumständen mit sich bringen. In einigen Veröffentlichungen der interkulturellen A- und M-Linie ist allerdings der Eindruck zu gewinnen, dass zum Zwecke der gegenseitigen Ausgrenzung künstliche interdisziplinäre Trennlinien gezogen werden. Es ist jedoch nicht zu übersehen, dass bereits heute Überschneidungen zwischen der auslands- und der migrationsbezogenen Richtung ausgemacht werden können: Beispielsweise existieren auch in der A-Linie einige universalistische und antirassistische bzw. dominanzkritische Überlegungen zu interkulturellem Lernen;[4] zudem wird auch hier zunehmend gegen einen statischen, ahistorischen und Homogenität unterstellenden Kulturbegriff argumentiert. Darüber hinaus finden sich in neuester Zeit häufiger fremdsprachendidaktische Publikationen, die auf die Multikulturalität und Multilingualität in Deutschland Bezug nehmen.[5] Eine Fortsetzung dieses Trends verspricht der diesjährige Kongress für Fremdsprachendidaktik der DGFF, der dem Thema 'Mehrsprachigkeit und Mehrkulturalität' gewidmet ist. Inwieweit dort eine breite Auseinandersetzung über mögliche und notwendige Verbindungslinien zwischen A- und M-Linie stattfinden wird, bleibt abzuwarten.

Anmerkungen

[1] Bei diesem Beitrag handelt es sich um eine aktualisierte, gekürzte und inhaltlich leicht abgeänderte Fassung meines Artikels "M-Linie und A-Linie: Zur Bedeutung migrationsbezogener Forschung für die interkulturelle Fremdsprachendidaktik" (1998a). Dort finden Sie auch weitere Hinweise zur Thematik.

[2] Zur Terminologie A- und M-Linie vgl. Glück (1991: 13).

[3] In Röttger (1998a) findet sich neben einer ausführlicheren Analyse von *Sprachbrücke* eine Analyse des Mittelstufen-Lehrwerks *Sichtwechsel*.

[4] Über die Angaben in Röttger (1998a) hinaus vgl. auch schon früh Gerighausen/Seel (1984), die dominanzkritische Überlegungen zu interkulturellem Lernen und interkultureller Kommunikation anstellen.

[5] Vgl. z. B. Hu (1998a, 1998b), die die Situation von Lehrenden und Lernenden in multikulturellen bzw. -lingualen Lerngruppen untersucht, Zydatiß (1998), der Deutsch als Zweitsprache und die Situation von Migrantenkindern ausführlicher in seine fremdsprachenpolitischen Überlegungen einbezieht und Liedke (1999), die Kriterien für die Thematisierung von Multikulturalität in Lehrwerken entwickelt.

Literaturhinweise

Barkowski, Hans (Hrsg.) (1998): *Deutsch als Fremdsprache: weltweit interkulturell?* Wien: Verband Wiener Volksbildung.

Bausch, Karl-Richard / Christ, Herbert / Krumm, Hans-Jürgen (Hrsg.) (1995): *Handbuch Fremdsprachenunterricht.* Tübingen / Basel: Francke, 3., überarb. und erw. Aufl.

Bredella, Lothar (Hrsg.) (1995): *Verstehen und Verständigung durch Sprachenlernen?* Dokumentation des 15. Kongresses für Fremdsprachendidaktik, veranstaltet von der Deutschen Gesellschaft für Fremdsprachenforschung (DGFF). Gießen, 4.-6. Oktober 1993. Bochum: Brockmeyer.

Bundeszentrale für politische Bildung (Hrsg.) (1998): *Handbuch Interkulturelle Bildung.* Bonn: Bundeszentrale für politische Bildung (erscheint).

Buttjes, Dieter (1991): "Interkulturelles Lernen im Englischunterricht." *Der fremdsprachliche Unterricht - Englisch* 25/1: 2-9.

Buttjes, Dieter / Butzkamm, Wolfgang / Klippel, Friederike (Hrsg.) (1992): *Neue Brennpunkte des Englischunterrichts.* Festschrift für Helmut Heuer zum sechzigsten Geburtstag. Frankfurt a. Main: Peter Lang.

Christ, Walter (1997): "Eine Währung für Europa - aber wie viele Sprachen?" *Neusprachliche Mitteilungen* 50/2: 66-67.

Edmondson, Willis / House, Juliane (1998): "Interkulturelles Lernen: ein überflüssiger Begriff." *Zeitschrift für Fremdsprachenforschung* 9/2: 161-188.

Funk, Hermann / Neuner, Gerhard (Hrsg.) (1996): *Verstehen und Verständigung in Europa.* Konzepte von Sprachenpolitik und Sprachdidaktik unter besonderer Berücksichtigung von Deutsch als Fremdsprache. Berlin: Cornelsen.

Gerighausen, Josef / Seel, Peter C. (1984): "Der fremde Lerner und die fremde Sprache. Überlegungen zur Entwicklung regionalspezifischer Lehr- und Lernmaterialien für Länder der 'Dritten Welt'." *Jahrbuch Deutsch als Fremdsprache* 10: 126-162.

Glück, Helmut (1991): "Deutsch als Fremdsprache und als Zweitsprache: eine Bestandsaufnahme." *Zeitschrift für Fremdsprachenforschung* 2/2: 12-63.

Henrici, Gert (1996): "Sprachpolitisch-didaktische Realitäten und Wünsche. Einige Anmerkungen." In: Funk, Hermann / Neuner, Gerhard (Hrsg.) (1996): 193-200.

Hermann-Brennecke, Gisela (1992): "Ob mit ausländischen Kindern oder ohne sie: Die fremde Zunge bringt es an den Tag." In: Buttjes, Dieter / Butzkamm, Wolfgang / Klippel, Friederike (Hrsg.) (1992): 222-234.

Hermes, Liesel / Schmid-Schönbein, Gisela (Hrsg.) (1998): *Fremdsprachen lehren lernen - Lehrerausbildung in der Diskussion.* Dokumentation des 17. Kongresses für Fremdsprachendidaktik, veranstaltet von der Deutschen Gesellschaft für Fremdsprachenforschung (DGFF). Koblenz, 6.-8. Oktober 1997. Berlin: Pädagogischer Zeitschriftenverlag.

Hinnenkamp, Volker (1994): "Interkulturelle Kommunikation - *strange attractions.*" *Zeitschrift für Literaturwissenschaft und Linguistik* 24/93: 46-74.

House, Juliane (1996): "Zum Erwerb interkultureller Kompetenz im Unterricht des Deutschen als Fremdsprache." *Zeitschrift für interkulturellen Fremdsprachenunterricht* (Online) 2/1, 21pp. Available: http://www.ualberta.ca/~german/ejournal/house.htm.

Hu, Adelheid (1998a): "Wie werden zukünftige FremdsprachenlehrerInnen derzeit auf den Unterricht in multilingualen und multikulturellen Klassen vorbereitet?" In: Hermes, Liesel / Schmid-Schönbein, Gisela (Hrsg.) (1998):135-144.

Hu, Adelheid (1998b): "Lebensweltlich zweisprachige Schülerinnen und Schüler im Fremdsprachenunterricht." In: Bundeszentrale für politische Bildung (Hrsg.) (1998): (erscheint).

Kast, Bernd / Neuner, Gerhard (Hrsg.) (1994): *Zur Analyse, Begutachtung und Entwicklung von Lehrwerken für den fremdsprachlichen Deutschunterricht.* Berlin u. a.: Langenscheidt.

Krumm, Hans-Jürgen (1995): "Interkulturelles Lernen und interkulturelle Kommunikation." In: Bausch, Karl-Richard / Christ, Herbert / Krumm, Hans-Jürgen (Hrsg.) (1995): 156-161.

Liedke, Martina (1999): "Interkulturelles Lernen in Lehrwerken Deutsch als Fremdsprache." In: Wolff, Armin (Hrsg.) (1999): (erscheint).

Meißner, Franz-Joseph (1993): "Mehrsprachigkeit: Terminologische Vorschläge für die Sprachenberatung." *französisch heute* 24/1: 50-55.

Müller, Bernd-Dietrich (1994): "Interkulturelle Kommunikation." In: Kast, Bernd / Neuner, Gerhard (Hrsg.) (1994): 94-96.

Röttger, Evelyn (1996): "Überlegungen zum Begriff des interkulturellen Lernens in der Fremd-sprachendidaktik." *Zeitschrift für Fremdsprachenforschung* 7/2: 155-170.

Röttger, Evelyn (1998a): "M-Linie und A-Linie: Zur Bedeutung migrationsbezogener Forschung für die interkulturelle Fremdsprachendidaktik." *Zeitschrift für Interkulturellen Fremdsprachenunterricht* [Online] 2/3, 24pp. Available: http://www.ualberta.ca/~german/ejournal/roettger.htm

Röttger, Evelyn (1998b): "Dominanzkultur und Interkulturalität: Grenzen und Möglichkeiten interkultureller DaF-Didaktik in Griechenland." In: Barkowski, Hans (Hrsg.) (1998): 175-197.

Timm, Johannes-Peter / Vollmer, Helmut J. (Hrsg.) (1993): *Kontroversen in der Fremdsprachenforschung*. Dokumentation des 14. Kongresses für Fremdsprachendidaktik, veranstaltet von der Deutschen Gesellschaft für Fremdsprachenforschung (DGFF). Essen, 7.-9. Oktober 1991. Bochum: Brockmeyer.

Timm, Johannes-Peter / Vollmer, Helmut J. (1993): "Fremdsprachenlernen in interkultureller Perspektive: Kontext, Konzepte, Kontroversen." In: Timm, Johannes-Peter / Vollmer, Helmut J. (Hrsg.) (1993): 7-37.

Vollmer, Helmut J. (1995a): "Diskurslernen und interkulturelle Kommunikationsfähigkeit. Der Beitrag der Pragmalinguistik und der Diskursanalyse zu einem erweiterten Sprachkonzept." In: Bredella, Lothar (Hrsg.) (1995): 104-127.

Vollmer, Helmut J. (1995b): "Fremdsprachenlernen in einer multikulturellen Gesellschaft." In: Bredella, Lothar (Hrsg.) (1995): 495-507.

Wolff, Armin (Hrsg.) (1999): *Beiträge der 26. Jahrestagung DaF 1998*. Regensburg: Fachverband Deutsch als Fremdsprache (erscheint).

Zydatiß, Wolfgang (Hrsg.) (1998): *Fremdsprachenlehrerausbildung - Reform oder Konkurs*. Berlin u. a.: Langenscheidt.

Zydatiß, Wolfgang (1998): "Fremdsprachenpolitische Überlegungen zum Fremdsprachenlernen in Deutschland." In: Zydatiß, Wolfgang (Hrsg.) (1998): 159-217.

Lehrwerke und Lehrerhandbücher

(SB 1987) Mebus, Gudula / Pauldrach, Andreas / Rall, Marlene / Rösler, Dietmar (1987): *Sprachbrücke 1. Deutsch als Fremdsprache*. München: Klett Edition Deutsch.

(SB 1989) Mebus, Gudula / Pauldrach, Andreas / Rall, Marlene / Rösler, Dietmar (1989): *Sprachbrücke 2. Deutsch als Fremdsprache*. München: Klett Edition Deutsch.

(SB 1990) Rall, Marlene (1990): *Sprachbrücke 1. Handbuch für den Unterricht*. München: Klett Edition Deutsch.

Selbstbild und Fremdbild:
Ein Vergleich zweier Texte über die Frankophonie in den Französisch-Lehrwerken *Découvertes* und *Etapes*

Christiane Fäcke

1. Die Frankophonie als thematischer Schwerpunkt in Französisch-Lehrwerken

Die frankophone Welt bildet den inhaltlichen Rahmen eines Dossiers bzw. einer Lektion der jeweiligen vierten Teilbände verschiedener Lehrwerke, die für die Klasse 10 konzipiert sind. Die Dossiers sind insgesamt ähnlich aufgebaut: Dieses Thema wird häufig anhand einer Weltkarte mit der graphischen Hervorhebung der frankophonen Länder und einer Unterscheidung des Stellenwerts der französischen Sprache - als Muttersprache, Staatssprache, Unterrichtssprache oder Verkehrssprache - durch farbliche Kennzeichnungen präsentiert (*Découvertes* 1997: Umschlagseite, *Etapes* 1992: 44). Auf einen einleitenden Text, der einen informativen Überblick über die gesamte Frankophonie bietet, folgen verschiedene Schwerpunktsetzungen, in denen einzelne Länder der Frankophonie gesondert dargestellt werden, und zwar oft ausgehend von Jugendlichen, ihren Lebensbedingungen und Chancen in den jeweiligen Ländern.

2. Möglichkeiten herrschaftskritischer Umsetzung des Themas Frankophonie in Lehrwerken

Der interkulturelle Diskurs wird in der Fremdsprachendidaktik vorwiegend apolitisch bzw. unpolitisch geführt. So bemängelt Klaus Schüle das völlige Ausblenden politischer Probleme und aktueller Konflikte wie Golfkrieg, Jugoslawien oder Somalia und vermutet hinter interkultureller Kommunikation eine "geschickte Verkleisterung der Dominierungsabsichten" (Schüle 1994: 79). Ein interkulturelles Moment angesichts zunehmender Globalisierung und weltweiter Migrationsbewegungen sowie multikultureller Gesellschaften in diesen westlichen Industrienationen im Zusammenhang mit politischem Konfliktpotential spielt derzeit noch eine untergeordnete Rolle. Unterrichtsvorschläge, die von einer multiethnischen Zusammensetzung einer Schulklasse ausgehen (Felberbauer 1991), oder die Landeskunde und Politik im Englischunterricht am Beispiel Nigerias thematisieren (Meyer 1992), nehmen herrschaftskritische Überlegungen kaum auf und bestätigen die Vermutung Schüles. Hans-Jürgen Krumm fordert eine "Verbindung von migrationsbezogenen und fremdsprachenunterrichtlichen Bemühungen um interkulturelles Lernen" (Krumm 1995: 160).
In der Fremdsprachendidaktik wäre eine Abgrenzung des interkulturellen Lernens von der Landeskunde durch eine Politisierung des Diskurses möglich und nötig. Interkulturelle Aussagen sollten zugleich politische Aussagen sein.

Mit diesem Anspruch auf politische Aussagen beim interkulturellen Lernen formuliere ich meine Fragestellung für die folgende Lehrwerkanalyse: Wie ist das Thema Frankophonie in Lehrwerken herrschaftskritisch umgesetzt, und wie wäre es idealtypisch umzusetzen?
Dabei gehe ich aus von folgenden Thesen:
Eine interkulturelle Zielsetzung beinhaltet mehr, als nur Gemeinsamkeiten und Unterschiede unpolitisch und deskriptiv herauszuarbeiten, sondern es muss auch um Dekonstruktion der in der Darstellung diskursiv hergestellten Hierarchien gehen.
Dekonstruktion meint dabei Querbewegungen, Auf-hebung, Perspektivenwechsel, Multiperspektivität und Diversität (Alleman-Ghionda 1997), wodurch bestehende Konstruktionen in ihrem statischen, deterministischen Charakter dekonstruiert werden könnten.

Diese Zielsetzung, so meine nächste These, ist folgendermaßen umzusetzen: Dekonstruktion mit dem Ziel der Herrschaftskritik gelingt über die Umsetzung von Selbst- und Fremdwahrnehmung. Texte aus einer Fremdperspektive reproduzieren diskursiv bereits bestehende Hierarchien zwischen Schwarz und Weiß; authentische Texte aus einer Innenperspektive führen nicht zur Abwertung der Schwarzen, sondern zu Subjektkonstitution und menschenwürdiger Darstellung.
Dabei sollte Multiperspektivität durch die Thematisierung von Selbstbild und Fremdbild nicht nur unter Berücksichtigung der Kategorien des Eigenen und des Fremden, sondern auch der Kategorien Oben und Unten umgesetzt werden.

3. Zwei Lehrbuchtexte im Vergleich: *Au Togo* und *Sécheresse*

Die bislang formulierten Thesen möchte ich im Folgenden am Beispiel zweier Lehrbuchtexte nachzeichnen. In *Etapes* findet sich ein didaktischer Lehrbuchtext über den Besuch und die Mithilfe einer Französin in einem Entwicklungshilfeprojekt in Togo; In *Découvertes* ist ein literarischer Text aufgenommen, und zwar ein Auszug aus *Cycle de sécheresse* des senegalesischen Autors Cheik C. Sow (1983).

3.1 *Etapes: L'univers francophone*

Dieser Lehrbuchtext führt nach Togo in ein Entwicklungshilfeprojekt:

> Dans le cadre de la coopération entre plusieurs organisations d'aide au développement, William (Togolais, 19 ans), Jutta (Allemande, 20 ans) et Béatrice (Française, 18 ans), passent trois semaines à Agomé Yoh, un village qui se trouve près de Lomé, capitale du Togo. Neuf Togolais et douze Européens font partie d'un groupe qui doit aider les gens du village à construire une école. (*Etapes* 1992: 49f.)

In dem anschließenden fingierten Tagebuch berichtet Béatrice über ihre Erfahrungen in dem Projekt: über die herzliche Begrüßung der Dorfbewohner, über einen togolesischen Mitarbeiter und über die Arbeit beim Bau der Schule, die von bestimmten Rahmenbedingungen wie Mangel an technischem Gerät und an Material geprägt ist. Neben der Arbeit beschreibt Béatrice ihre Erfahrungen mit dem Leben im Dorf und mit den Dorfbewohnern. Dabei setzt sie ihren Schwerpunkt auf ihre Überraschung angesichts klimatischer Besonderheiten in den Tropen, auf kulinarische Spezialitäten, d.h. Zubereitung und Essgewohnheiten, und auf Unterschiede in der Mentalität. Unterschiede sieht sie in der Arbeitsmoral, in europäischer Leistungsorientierung und afrikanischer Geduld und Passivität, in direkten und indirekten Kommunikationsstrategien sowie in unterschiedlichem Ausmaß an Lebensfreude.

Togo wird also insgesamt aus der Perpektive einer Französin, somit aus europäischer, wenn nicht sogar eurozentrischer Sicht gezeigt. Ein Perspektivenwechsel, der das Selbstbild der Togolesen zur Sprache brächte und somit die Togolesen zu Wort kommen ließe, wird nicht vorgenommen.

3.2 Découvertes: *Voyage en francophonie*

Die zweite Etappe der Reise führt in den Senegal anhand einer Novelle eines senegalesischen Autors, Cheikh C. Sow. Die Zeichnungen und der Inhalt des Textauszugs sind durch den Titel treffend zusammengefasst: *Sécheresse* (Sow 1983). Auf den ersten Blick scheint die Textauswahl als Bestätigung europäischer Klischees über Afrika unglücklich (Tröger 1993: 148). Naturkatastrophen und politisch instabile Verhältnisse führen zu Hunger und zu einem Bild hilfloser und hilfsbedürftiger Menschen, deren Überleben von der Gnade und Entwicklungshilfe der Europäer abhängig ist (Poenicke 1995: 270, 309 f.). Doch die Handlung und die Auflösung der Episode zeigen ein ganz anderes Menschenbild: Im Dorf herrschen Dürre und Hunger. Das Mädchen N'Goné entdeckt bei den Nachbarn frischen Fisch, während ihre eigene Familie sich seit Wochen von Hirsebrei ernährt. Ihre Eltern wollen ihr diese Entdeckung nicht glauben, jede Familie lebt schließlich abgeschlossen für sich, Nachbarschaftshilfe wird kaum geübt. Am nächsten Tag folgt N'Goné heimlich ihrer Nachbarin, der Mutter Codou, auf einen langen Weg in die Wildnis. Unter sengender Sonne setzt Codou sich schließlich unter einen vertrockneten Baum, N'Goné kann immer noch nicht verstehen, woher hier frische Fische kommen sollen.

> Soudain, un bruit venu du sommet des arbres la sortit de ses pensées: avec de lents battements d'ailes, des dizaines et des dizaines de gros pélicans se posaient maintenant sur la petite forêt desséchée. [...]
> Quelque chose brilla entre les pattes d'un gros pélican. La jeune fille, stupéfaite, reconnut un poisson. C'est alors que la vieille Codou, à quelques pas de là, se mit à crier d'une voix perçante. [...]
> La vieille poussa encore quelques cris et brandit en l'air la branche vers les derniers oiseaux qui s'enfuirent en laissant tomber les gros poissons qu'ils n'avaient pas le temps de ravaler. (*Découvertes* 1997: 75)

Während das Mädchen mit Tränen in den Augen von dem Wunder noch überwältigt ist, sammelt die alte Frau bereits die Fische auf und fordert N'Goné auf, sich daran zu beteiligen. Der senegalesische Autor zeigt ein Bild von Menschen, die zwar unter der extremen Dürre leiden, sich aber nicht in ihr Schicksal ergeben, sondern phantasievoll und kreativ die erfolgreiche Initiative zum Überleben ergreifen.

4. Egalität und Differenz: Argumentationsstränge in *Au Togo* und in *Sécheresse*

Bei den vorgestellten Beispielen handelt es sich um zwei sehr unterschiedliche Texte: ein authentischer literarischer Text eines senegalesischen Schriftstellers auf der einen

Seite, ein didaktischer Text aus europäischer Perspektive über ein Entwicklungshilfeprojekt in Togo auf der anderen Seite.

In beiden Texten wird ein Land Zentralafrikas zum Gegenstand gemacht, jedoch auf ganz unterschiedliche Weise. Der Text *Au Togo* thematisiert das Leben in einem kleinen togolesischen Dorf nicht an sich, sondern in Bezug auf dort lebende europäische Entwicklungshelfer und -helferinnen. Cheikh C. Sow hingegen beschreibt in *Sécheresse* das Leben in einem Dorf in Senegal ohne jegliche Bezugnahme auf Europäer.

Die eurozentrische Sicht einer Französin im Entwicklungshilfeprojekt in Togo besteht vorwiegend aus Argumentationen, die entweder auf Gemeinsamkeiten oder auf Unterschiede zwischen Frankreich und Togo, zwischen Europa und Afrika abzielen. Die Begriffe Egalität und Differenz bilden die Grundlage der Interpretation im folgenden Abschnitt. Dabei handelt es sich um idealtypische Argumentationsstränge im Diskurs der interkulturellen Pädagogik, die Evelyn Röttger (1998) in ihrer Bedeutung für die interkulturelle Fremdsprachendidaktik aufgearbeitet hat.

Die auf Gemeinsamkeiten abzielende egalitätstheoretische Argumentation ist jedoch nicht auf ein gemeinsames, übergeordnetes Moment jenseits von Europa oder Afrika bezogen, sondern letztlich immer auf einen europäischen Maßstab.

Die Entwicklungshelferin Béatrice betont in logischer Konsequenz vorwiegend Unterschiede und stellt ihre Erfahrung von Differenz in den Vordergrund. Differenzen bestehen in vielen Bereichen:

> J'ai fait la connaissance de William, un garçon de Lomé qui fait partie du groupe. William, c'est son nom européen. En évé, il s'appelle Kokou (je ne sais pas si ça s'écrit comme ça) parce que son nom vient de «Kouda» (qui veut dire: mercredi), le jour où il est né. (*Etapes* 1992: 49)

Der Togolese Kokou hat bezeichnenderweise einen europäischen Namen. Wieso haben eigentlich die Europäer dort keinen togolesischen Namen bekommen? Wieso muss überhaupt Kokou an einen europäischen Maßstab angepasst werden? Hieran wird bereits die defizitäre egalitätstheoretische Argumentation deutlich. Der unhinterfragte europäische Maßstab gilt für alle, für Schwarze und Weiße. Direkt im Anschluss erfolgt jedoch die Betonung von Unterschieden, hier konkretisiert an dem ursprünglichen Namen Williams: Kokou. Béatrice hat sich nicht einmal über die korrekte Schreibweise des Namens informiert (ein Widerspruch in sich angesichts des im Lehrbuchtext abgedruckten Wortes). Zusätzlich erfolgt eine Abwertung durch die Bedeutung des Namens, der Kokou auf den Mittwoch, den Tag seiner Geburt reduziert. Mit der Betonung des Unterschieds in der Namensgebung ist jedenfalls keine Aufwertung oder Gleichwertigkeit zwischen Europäern und Togolesen verbunden, durch fehlenden Perspektivenwechsel hingegen eher Abwertung. Die Differenz führt zu Exotisierung. Béatrice bezieht Differenz nicht primär in einen herrschaftskritischen Diskurs ein, sondern reduziert unpolitisch beispielsweise auf Kulinarisches:

> Aujourd'hui, pour la première fois, j'ai essayé de manger le «fufu» (pâte de manioc) avec les doigts. C'est tout un art! [...]
> À midi, j'ai voulu aider une femme du village qui faisait de la farine de manioc. Je suis si adroite que je me suis aussitôt coupé le doigt sur la râpe! (*Etapes* 1992: 49)

Auch hier wieder ein Beispiel für Exotismus, das der Entpolitisierung und Verharmlosung dient.
Darüber hinaus erscheint mir vor allem interessant, dass Béatrice sich immer wieder selbst in den Vordergrund in dieser differenztheoretischen Argumentation schiebt: einerseits die Betonung kulinarischer Besonderheiten, andererseits jedoch auch deren Instrumentalisierung zur Selbstdarstellung.

> Je me suis maintenant habituée à la vie du chantier, aux moustiques, à la nuit qui tombe à 18 heures 30. [...]
> Ce soir, j'ai fait la vaisselle avec William et Jutta. William nous a montré comment on pouvait économiser l'eau. À propos, j'ai appris à prendre une «douche» et à me laver les cheveux avec ... un demi-seau d'eau! [...]
> Mais j'ai déjà appris pas mal de choses au cours de ces derniers jours.
> (*Etapes* 1992: 49)

Immer wieder erfolgt der Rückbezug auf die eigene Person. Hier zeigt sich der Stolz der Europäerin auf ihre Anpassungsfähigkeit, Unterschiede werden dazu benutzt, als Projektionsfolie zur Selbstdarstellung zu fungieren.
Differenz dient also zu folkloristischer und exotistischer Abwertung der Anderen und gleichzeitig zu Selbstdarstellung und Aufwertung eigener Kompetenzen.
Insgesamt werden in diesem Text Gemeinsamkeiten und vor allem Unterschiede zwischen Europa und Togo/Afrika formuliert. Beide Diskurse, Egalität und Differenz, dienen jedoch nicht der Aufhebung von Hierarchien zwischen Schwarz und Weiß, sondern im Gegenteil ihrer Zementierung. Zwar werden, wie im interkulturellen Diskurs der Fremdsprachendidaktik gefordert, das Eigene und das Fremde zum Gegenstand gemacht, jedoch eine Aufhebung oder Querbewegung in Bezug auf hierarchische Strukturen nicht vorgenommen. Ein Perspektivenwechsel wird nicht vollzogen, das Fremde erscheint immer aus der Perspektive des Eigenen und durch die entsprechende Brille. Die Togolesen kommen nicht selbst zu Wort, erscheinen lediglich als Objekt der - eurozentrischen - Betrachtung, doch leider nicht als Subjekt der Handlung.
Egalität und Differenz - diese Argumentationsstränge werden auch von Cheikh C. Sow aufgenommen, hier jedoch in ganz anderer Weise. Im Gegensatz zu dem Text in *Etapes*, der als didaktischer Lehrbuchtext die Fremdperspektive konkretisiert, schildert hier ein senegalesischer Schriftsteller in der Novelle *Cycle de sécheresse* (Sow 1983) sein eigenes Land und die dort lebenden Menschen ohne jegliche Bezugnahme auf Europa. Die in der interkulturellen Fremdsprachendiaktik geforderte wechselseitige Auseinandersetzung um das Eigene und das Fremde wird hier nicht umgesetzt, bzw. kommt erst später in den Aufgabenstellungen zum Tragen.
Zunächst entsprechen die Lebensbedingungen im Senegal europäischen Erwartungen und Klischees: Dürre, Trockenheit, Hunger und keine Aussicht auf klimatische Veränderungen zum Besseren. Das Leben der Menschen ist reduziert auf ihre Geschicklichkeit zum Überleben.
Im Zentrum der Handlung stehen die Bewohner des Dorfes, die nicht zum Objekt des Diskurses gemacht werden, sondern Subjekt eigener Handlungen sind. Die nötige Hilfe kommt nicht von außen, sondern von einigen Dorfbewohnerinnen selbst, die aktiv Initiative zum eigenen Überleben ergreifen. Die Mutter der Nachbarfamilie, *la vieille*

Codou, und das Mädchen N'Goné werden in ihrer selbstbestimmten Aktivität auf der Suche nach Nahrung dargestellt. Dabei bewegen sich beide im Einklang mit der Natur, ein Ansatzpunkt für Differenz zu Europa. Die Natur wird nicht als Objekt des Menschen begriffen, wie das seit der Aufklärung als Denkmodell möglich ist, sondern der Mensch sieht sich im Einklang mit der feindlichen Natur (und nicht gegen sie). Naturbeherrschung und Verobjektivierung der Natur ist nicht der Weg der Dorfbewohnerinnen (Melber 1992: 18).

Differenz entsteht nicht innerhalb des literarischen Textes selbst, sondern in der Auseinandersetzung mit ihm: Differenz zwischen senegalesischem Alltag und europäischen Erwartungen, Differenz zwischen europäischen Zuschreibungen, die den Senegalesen allenfalls Objektstatus zuweisen, und senegalesischen Verhaltensweisen, die Subjektkonstitution der Senegalesen ermöglichen - insgesamt also Differenz zwischen Fremdbild und Selbstbild.

Während Differenz in dem didaktischen Lehrbuchtext in *Etapes* jedoch zu Hierarchisierung, d.h. zu Abwertung von Schwarz gegenüber Weiß führt, bedeutet der Differenzdiskurs von Cheikh C. Sow Auf-hebung jener in *Etapes* diskursiv hergestellten Hierarchisierung. Diese Auf-hebung gelingt u. a. auch aufgrund des literarischen Charakters des Textes eines "schwarzen" Autors, der einer eurozentrischen Außensicht eine Innensicht entgegensetzt, "[...] die statt kollektiver Zuschreibungen das Schicksal einzelner Menschen in den Mittelpunkt stellt" (Schulze-Engler 1993: 6).

5. Dekonstruktion: Möglichkeiten zur Aufhebung von Hierarchien und zur Herrschaftskritik

Egalitäts- und differenztheoretische Argumentationsstränge habe ich im vorherigen Abschnitt bereits aufgeführt. Dabei ist angeklungen, dass Möglichkeiten zur Aufhebung von Hierarchien nicht allein in der Betonung von Gemeinsamkeiten oder von Unterschieden liegen, sondern letztlich erst durch Perspektivenwechsel sinnvoll umgesetzt werden können.

Auch der Unterschied zwischen Fremd- und Selbstperspektive ist deutlich. Egalität und Differenz aus der Sicht des weißen Lehrbuchautors wirken anders als aus der Perspektive Cheikh C. Sows. Die jeweiligen Diskurse über die eigene oder die fremde Kultur sind eingebunden in globale Hierarchien der Dominanzkultur (Rommelspacher 1995), und damit in Blicke von oben nach unten, von Weiß nach Schwarz, und umgekehrt. Erst durch Perspektivenwechsel wird diese Herrschaftsstruktur sichtbar, Querbewegungen und Auf-hebung können möglich und realisiert werden.

Dieser Perspektivenwechsel wird bereits durch den Text Sows vorgenommen, jedoch auch in einigen Aufgabenstellungen zu den jeweiligen Lehrbuchtexten formuliert.

Die Aufgabenstellungen in *Etapes* sind vorwiegend auf Reproduktion angelegt, der im Lehrbuchtext fehlende Perspektivenwechsel wird auch in den Übungen nicht nachgeholt.

Übungen und Aufgabenstellungen in *Découvertes* versuchen eher, Diversität und Multiperspektivität aufzunehmen und umzusetzen. Dabei sind die Aufgaben zur Textarbeit in drei Phasen geteilt: Aufgaben vor der Lesephase, während der Lesephase und nach der Lesephase. Dadurch werden Vorerwartungen, Textverständnis und Textarbeit sowie schließlich ein Vergleich des Textes mit den Vorerwartungen voneinander getrennt.

1 Avant la lecture
a L'Afrique noire: A quoi cela vous fait-il penser?
Faites une liste de vos idées. Travaillez en groupes et présentez ensuite vos idées à la classe. Ecrivez-les si possible sur des transparents. [...]
3 Après la lecture [...]
b Comparez les informations que vous avez relevées avec vos idées de l'exercice 1 a. (*Découvertes* 1997: 76)

Diese Aufgabenstellung zielt auf einen Vergleich der Vorerwartungen und Einstellungen Lernender über Zentralafrika mit den Informationen über Lebensbedingungen im Senegal, die Sow darstellt. Bestehende Unterschiede sollen dadurch bewusst gemacht werden.

Damit geht *Découvertes* in der Aufgabenstellung über *Etapes* hinaus: Während in *Etapes* lediglich eine Reproduktionsleistung gefordert wird, die keinerlei Perspektivenwechsel impliziert, wird der in sich geschlossene Text Cheikh C. Sows durch die Aufgabenstellung hin auf ein interkulturelles Moment erweitert. Die Konfrontation zwischen dem Eigenen und dem Fremden erfolgt durch die deutsche Lerngruppe auf der einen Seite mit dem senegalesischen Text auf der anderen Seite. Dadurch, dass in dem Text keine Weißen vorkommen, ist von vornherein die Möglichkeit einer eurozentrischen Sichtweise im Text selbst ausgeschlossen, wodurch die Perspektive Sows einen anderen Stellenwert bekommt.

Insgesamt erweist sich die Umsetzung des Themas Frankophonie an dieser Stelle in *Découvertes* gelungener als in *Etapes*, insofern als ein herrschaftskritisches Moment mit dem interkulturellen Ansatz verbunden wird.

6. Ergebnis und fachdidaktische Konsequenzen

Der Vergleich der beiden Texte *Au Togo* und *Sécheresse* lässt mehrere Schlussfolgerungen zu, die ich als abschließende Thesen zur Diskussion stellen möchte.

Eine europäische oder eurozentrische Perspektive ist nicht zu ersetzen durch eine afrikanische oder afrikazentrische Perspektive. Auf-hebung von Eurozentrismus kann erfolgreich durch Querbewegungen zum Herrschaftsdiskurs, durch Perspektivenwechsel, Dekonstruktion und Diversität umgesetzt werden.

1. Perspektivenwechsel bedeutet, dem Selbstbild und Fremdbild verschiedener Ethnien Raum zu geben, d.h. Selbstbild und Fremdbild der Senegalesen über sich selbst und über Europäer (vgl. *Découvertes*) sowie Selbstbild und Fremdbild der Franzosen über sich selbst und die Togolesen (vgl. *Etapes*).
2. Didaktische Texte, die im Allgemeinen von Deutschen, allenfalls von Franzosen verfasst werden, verstärken die eurozentrische Perspektive, da sie den Anderen/ Schwarzen keinen Raum zur Formulierung einer eigenen Sichtweise geben. Authentische Texte, die zwangsläufig von verschiedenen Autoren verfasst sind, ermöglichen eher einen Perspektivenwechsel.
3. Der Perspektivenwechsel von Selbstbild und Fremdbild beeinflusst ebenfalls Zusammenhänge von Subjektstatus und Objektstatus der Menschen in den Texten.

Didaktische Lehrbuchtexte verstärken eher den Objektstatus der Anderen/Schwarzen, authentische Texte führen eher zu Subjektkonstitution und menschenwürdiger Darstellung.[1]

Anmerkungen:

[1] Ein detaillierter Vergleich der Darstellung der Frankophonie in den Französisch-Lehrwerken *Découvertes* und *Etapes* ist in der Zeitschrift *Französisch heute* 4/1998 publiziert.

Literaturhinweise:

Alleman-Ghionda, Cristina (1997): "Mehrsprachige Bildung in Europa." In: BMW AG München (Hrsg.) (1997): 1-10.

Bausch, Karl-Richard / Christ, Herbert / Krumm, Hans-Jürgen (Hrsg.) (1995): *Handbuch Fremdsprachenunterricht*. Tübingen und Basel: Francke, 3. überarbeitete Aufl.

Beutter, Monika u. a. (1997): *Etudes Françaises. Découvertes 4. Série verte*. Stuttgart: Klett.

BMW AG München (Hrsg.) (1997): *LIFE. Ideen und Materialien für interkulturelles Lernen*. Lichtenau: AOL.

Felberbauer, Maria (1991): "Englischunterricht in der Grundschule. Ein Beitrag zum interkulturellen Lernen." *Der fremdsprachliche Unterricht Englisch* 25/1: 10-14.

Héloury, Michèle u. a. (1992): *Etapes 4. Französisch für Gymnasien*. Berlin: Cornelsen.

Krumm, Hans-Jürgen (1995): "Interkulturelles Lernen und interkulturelle Kommunikation." In: Bausch, Karl-Richard / Christ, Herbert / Krumm, Hans-Jürgen (Hsrg.) (1995): 165-161.

Melber, Henning (1992): *Der Weißheit letzter Schluss. Rassismus und kolonialer Blick*. Frankfurt: Brandes und Apsel.

Meyer, Meinert (1992): "Negotiation of Meaning. Der Versuch einer handlungsorientierten Verknüpfung von Landeskunde und Politik im Englischunterricht (Sek. II)." *Der fremdsprachliche Unterricht Englisch* 26/7: 16-21.

Poenicke, Anke (1995): *Die Darstellung Afrikas in europäischen Schulbüchern für Französisch am Beispiel Englands, Frankreichs und Deutschlands*. Frankfurt: Peter Lang.

Röttger, Evelyn (1998): "M-Linie und A-Linie: Zur Bedeutung migrationsbezogener Forschung für die Interkulturelle Fremdsprachendidaktik."
Zeitschrift für Interkulturellen Fremdsprachenunterricht [Online], 2 (3), 24pp. Available: http://www.ualberta.ca/~german/ejournal/roettger.htm

Rommelspacher, Birgit (1995): *Dominanzkultur. Texte zu Fremdheit und Macht*. Berlin: Orlanda.

Schüle, Klaus (1994): "Interkulturelle Kommunikation in der »neuen deutschen Europa-Ordnung«." *Neusprachliche Mitteilungen* 47/2: 77-81.

Schulze-Engler, Frank (1993): "The Beautiful Ones Are Not Yet Born. Afrikanische Literatur im Englischunterricht." *Der fremdsprachliche Unterricht Englisch* 27/11: 4-10.

Sow, Cheikh C. (1983): *Cycle de sécheresse*. Paris: Hatier.

Tröger, Sabine (1993): *Das Afrikabild bei deutschen Schülerinnen und Schülern*. Saarbrücken, Fort Lauderdale: Breitenbach.

Kinder- und Jugendliteratur aus Frankreich
Didaktische Überlegungen zu ihrem Einsatz im Französischunterricht

Renate Fery

Der folgende Beitrag möchte aufzeigen, dass in der französischen Kinder- und Jugendliteratur ein noch nicht ausgeschöpftes Motivationspotential liegt, das für einen handlungsorientierten und kreativen Französischunterricht nutzbar gemacht werden kann.

1. Die spezifische Kinder- und Jugendliteratur

Im Mittelpunkt meiner Überlegungen steht die *littérature spécifique de l'enfance et de la jeunesse,* d.h. die so genannte spezifische Kinder- und Jugendliteratur. Diese Begriffsbestimmung zielt ab auf die Gesamtheit der Texte, die ausdrücklich für Kinder und Jugendliche verfasst und publiziert werden (vgl. Baumgärtner 1987: 7). Bis zu ihrer Entstehung Ende des 18. Jahrhunderts ist eine Literatur, speziell geschrieben für Kinder und Jugendliche, praktisch inexistent. Bis zu diesem Zeitpunkt werden vielmehr aus dem Gesamtbestand der Erwachsenenliteratur diejenigen Texte ausgewählt, die unter religiösen und moralischen Gesichtspunkten als besonders geeignet erachtet werden, um sie den Kindern und Jugendlichen als lesenswerte Lektüre bevorzugt zu vermitteln (vgl. Baumgärtner/Watzke 1985: 14). Von nun an jedoch sucht man nicht mehr nach belehrenden Texten, sondern schreibt sie selbst. Sie erscheinen zunächst in der Publikationsform der Periodika. Die Prinzipien rationale Belehrung und bewusste Kindertümlichkeit, vor allem durch die Theorie von Jean Jacques Rousseau proklamiert, werden nun Grundlage jeglichen literarischen Schaffens. Die Anfänge der spezifischen Kinder- und Jugendliteratur verbinden sich in Frankreich vor allem mit dem Namen Armand Berquin, der von Escarpit (1984: 748) als *le premier écrivain français spécifique de l'enfance et de la jeunesse* bezeichnet wird. Berquin gibt 1782/83 die Zeitschrift *L'ami des enfants* heraus, die für etwa ein Jahrhundert Lesegut der Heranwachsenden wird. Die zum Ersten eines jeden Monats erscheinende Zeitung ist eine Nachahmung der Zeitung *Der Kinderfreund* des deutschen Moralisten Christian Felix Weiße. *L'ami des enfants* heißt auch der Titel des ersten Buches von Berquin. Es enthält Theaterstücke, Erzählungen, Dialoge, aber auch wissenschaftliche Berichte. Zu dieser spezifischen Kinder- und Jugendliteratur gehören u. a. ebenfalls die Werke der Comtesse de Séguir (1799-1874), so z. B. *Les petites filles modèles* (1857) oder *Les malheurs de Sophie* (1859), die als Klassiker der Kinder- und Jugendliteratur schlechthin gelten und immer wieder neu aufgelegt werden. Es geht mir jedoch nicht um diese so genannten Klassiker, sondern um Kinder- und Jugendliteratur der Gegenwart, geschrieben von französischen Autorinnen und Autoren für französische

Kinder und Jugendliche. Es handelt sich demnach um authentische Texte insofern, als sie nicht für unterrichtliche Ziele geschrieben sind.

2. Didaktische Überlegungen zum Einsatz von Kinder- und Jugendliteratur im Französischunterricht

2.1 Zur Begründung des Einsatzes

In der fachdidaktischen Diskussion herrscht Einigkeit darüber, dass dem literarischen Text nicht erst in der Sekundarstufe II, sondern bereits in der Sekundarstufe I und dort wiederum zu einem möglichst frühen Zeitpunkt ein gebührender Platz eingeräumt werden sollte. Wenn wir diese Forderung einlösen wollen, stellt sich die Frage nach der Textauswahl. Zahlreiche französische Originalwerke sind sprachlich zu schwierig, um von Lernenden mit geringen Sprachkenntnissen bewältigt zu werden. Lehnt man didaktische Lektüren ab, weil sie u. a. zu sehr den blutleeren Lektionstexten ähneln (vgl. Ader/Krüger 1988: 10) und daher der erhoffte Motivationsschub ausbleibt, und will man auch nicht auf Texte *en français facile* zurückgreifen, "weil jeglicher Eingriff in den Originaltext diesen nicht nur quantitativ, sondern auch qualitativ verändert" (Hermes 1992: 23), so bietet sich der Einsatz französischer Kinder- und Jugendliteratur an.[1] Da sie aufgrund ihres Adressatenbezugs sprachliche Zugeständnisse macht, sich der Lesbarkeit und Verständlichkeit verpflichtet fühlt, ist sie in der Regel von Französischlernenden besser zu bewältigen als traditionelle Lesestoffe; dennoch beinhalten diese Zugeständnisse keine qualitativen Einbußen, wie sie bei der Bearbeitung von Originaltexten vorliegen. Kinder- und Jugendliteratur ist vielmehr Bestandteil der Nationalliteratur und ihr in der ästhetischen und ethischen Qualität ebenbürtig (vgl. Eckhardt 1987: 16). Neben sprachlichen sprechen vor allem motivationale Gründe für den Einsatz von Kinder- und Jugendliteratur. Für den Lernenden stellt ein wirklich authentisches Buch, das von einem *native speaker* für einen *native speaker* geschrieben wurde, eine andere Qualität dar als ein didaktisches oder adaptiertes. Darüber hinaus kann durch die Einbeziehung authentischer Kinder- und Jugendliteratur der Einseitigkeit des traditionellen Lektürekanons begegnet werden.[2] Vor allen Dingen aber muss der Inhaltsaspekt genannt werden. Durch die Thematisierung von Inhalten, die für die Wert- und Lebensorientierung der Kinder und Jugendlichen von hoher Relevanz sind, leistet die Kinder- und Jugendliteratur einen Beitrag, sich mit Fragen der Menschlichkeit, Toleranz, Verantwortung etc. auseinander zu setzen. Darüber hinaus

> kann Jugendliteratur einen Zugang zur geistigen Landeskunde in fiktionaler oder auch in dokumentarischer Form schaffen ..., denn jede Jugend wird von ihrer Jugendliteratur geformt und in ihrer Weltanschauung auch bestimmt. Diese kann Ausgangsbasis für ein später zu vertiefendes Verständnis des nachbarlichen Weltbildes sein, vermag Stereotypen abzubauen, die, wenn sie zu früh sich festgesetzt haben, sich später nur schwierig auflösen lassen. (Heupel 1992: 144)

Zusammenfassend lässt sich festhalten, dass Kinder- und Jugendliteratur aufgrund ihrer sprachlichen und strukturellen Schlichtheit sowie ihrer dargebotenen Inhalte die große Chance bietet, Lesefreude zu wecken und darüber hinaus eine Fülle von Sprechanlässen zu schaffen (vgl. Dahl 1990: 112).

Wenn trotz der genannten Vorzüge Kinder- und Jugendliteratur immer noch ein Schattendasein im Französischunterricht führt, so liegt das sicherlich u. a. auch an einer fast unüberschaubaren Publikationsfülle, so dass es schon allein aus zeitlichen Gründen fast unmöglich ist, aus diesem reichhaltigen Angebot das geeignete Kinder- oder Jugendbuch für die eigene Klasse auszuwählen. Bisher gab es kaum Publikationen, die den Lehrenden Hilfestellung bei der Auswahl bieten. Diese Situation hat sich mit der Veröffentlichung von *Au plaisir de lire* positiv verändert (vgl. Hessisches Institut für Bildungsplanung und Schulentwicklung (HIBS) 1994). Diese Handreichung für Französischlehrende bietet einen guten Überblick über Neuerscheinungen französischer Kinder- und Jugendbücher, die bereits in der Sek. I sinnvoll eingesetzt werden können. Sie stellt für den nach einem geeigneten Kinder- und Jugendbuch suchenden Schulpraktiker eine große Hilfe dar.[3] Ein weiterer Grund für die Nichteinbeziehung der Kinder- und Jugendliteratur könnte unter Umständen auch an dem Elitebewusstsein vor allem von Gymnasiallehrern liegen, denn Kinder- und Jugendliteratur wird von ihnen häufig als minderwertig, als trivial eingestuft, als etwas, das mit Literatur im eigentlichen Sinn nichts zu tun hat und daher nicht wert ist, im Französischunterricht behandelt zu werden. Dieser Auffassung ist - wie bereits ausgeführt - jedoch nicht zuzustimmen.

2.2 Zur Lektüreauswahl

2.2.1 Beteiligung der Lernenden am Textauswahlprozess

Die Schule muss einen Beitrag zu Selbstständigkeit, Mündigkeit und Eigenverantwortlichkeit leisten. Diesem Auftrag darf sich auch der Französischunterricht nicht entziehen. Entsprechend müssen die Lernenden an dem Textauswahlprozess beteiligt werden, denn der Erfolg des Unterrichts hängt u. a. davon ab, ob der Text die Schülerinnen und Schüler anspricht. Um ihre Neugier zu wecken und ihre Lesemotivation zu fördern, bieten sich folgende Möglichkeiten an:

- Der Lehrer stellt einzelne Kinder- und Jugendbücher kurz vor, ohne allerdings zu viel zu verraten (vgl. Mengler 1992: 394). Die Schüler wählen ein Buch aus dem Gesamtangebot aus.

- Der Lehrer stellt den Lernenden ein entsprechendes Angebot von Büchern bereit und gibt ihnen im Rahmen einer Lesestunde Gelegenheit, sich über die einzelnen Werke zu informieren. Dies kann in Form des Durchblätterns, des Anlesens, des Betrachtens der Illustrationen oder des Lesens des Klappentextes geschehen. Diese Aktivitäten führen entweder zur Auswahl eines Buches, das gemeinsam im Unterricht bearbeitet wird, oder zur *lecture individuelle*, d.h. jeder Schüler liest das Werk seiner Wahl. Das kann entweder im Unterricht selbst geschehen oder aber in Form einer Hausaufgabe organisiert werden. Nach den Erfahrungen von Mengler "suchen sich die Schüler in der Regel wirklich den Text aus, der sie inhaltlich interessiert, den sie sich aber auch sprachlich zutrauen". (Mengler 1992: 394)

2.2.2 Kriterien der Auswahl

Auch wenn die Lernenden mitentscheiden, welches Buch sie lesen möchten, so entbindet dies den Lehrer nicht einer kritischen Prüfung der Literatur, die er vorab als mögliche Lektüre für seine spezielle Klasse auswählt. Im Rahmen der Analyse muss er sich mit Inhalt und Sprache auseinander setzen, aber auch formale Gesichtspunkte müssen Berücksichtigung finden.[4] Nur so können Frustrationserlebnisse auf Seiten der Lernenden, aber auch auf Seiten der Lehrenden vermieden werden. Dies bedeutet:

Der Text sollte

- motivierend, d.h. witzig, humorvoll, bewegend oder aber spannend sein,

- Fragen aufwerfen, über die es sich lohnt nachzudenken, sich auszutauschen, um so die kritische Urteilsfähigkeit der Lernenden zu schulen,

- Möglichkeiten der Identifikation mit den literarischen Figuren oder aber auch Distanzierungsmöglichkeiten bieten und zur Auseinandersetzung mit eigenen Problemen anregen,

- sich durch Offenheit und Leerstellen auszeichnen, so dass der Lernende die Möglichkeit hat, sein Erfahrungswissen, seine eigenen Weltvorstellungen und seine Phantasie in den Text einzubringen. Derartige Inhalte motivieren die Lernenden "zu einem interessanten und phantasievollen Umgang mit Text und Sprache und tragen in diesem Umgang zur Entfaltung und Entwicklung der gesamten Schülerperson bei, nicht zuletzt dadurch, dass diese "als sie selbst" und im "Hier und Jetzt" am Erleben, Lernen und Gestalten teilnehmen". (Kessling 1995: 260)

Darüber hinaus sollte der Text

- dem sprachlichen Niveau der Lerngruppe entsprechen, d.h. sowohl der lexikalische als auch der strukturelle Steilheitsgrad sollte nicht zu hoch sein, um zu gewährleisten, dass der Text von möglichst allen Schülern verstanden wird,

- eine übersichtliche typographische Struktur aufweisen, in Kapitel gegliedert und möglichst mit motivierenden Illustrationen versehen sein, da dadurch das Verstehen des Textes erheblich erleichtert wird,

- in seinem Umfang den Leseerfahrungen der Lernenden entsprechen.

2.3 Prinzipien der Unterrichtsgestaltung

Wenn wir verhindern wollen, dass die Lernenden nach Beendigung ihrer Schulzeit nie wieder ein französisches Buch in die Hand nehmen, so muss es unser vorrangiges Ziel sein, ihnen immer wieder ein Lesevergnügen zu schaffen. Freude am Lesen, für die Steinmeyer bereits 1983 als literaturdidaktische Kategorie plädiert hat, kann jedoch nicht allein durch attraktive Texte erreicht werden. Bei der Planung müssen vielmehr folgende didaktische Prinzipien Berücksichtigung finden:

- Die Lernenden werden nicht nur kognitiv, sondern auch emotional angesprochen, d.h. in ihren Gefühlen, ihrer Phantasie und ihrer Sinnlichkeit, so dass durch die Beanspruchung beider Hemisphären während des Lernprozesses ein effektives Lernen und Behalten erreicht werden. Dies bedeutet, dass im Mittelpunkt des Unterrichts Arbeitsformen stehen, "die nicht primär distanznehmenden, analytischen, verobjektivierenden Umgang mit dem literarischen Text fordern, sondern zu einer eher subjektivindividuellen, intuitiven, imaginativen und teilweise auch spielerischen oder emotionalen Auseinandersetzung mit literarischen Texten anregen, ohne jedoch analytische und reflexive Prozesse prinzipiell auszuschließen". (Caspari 1995: 349)

- Das Postulat der Eigentätigkeit findet Berücksichtigung, denn nur so kann die Passivität der an Fernsehen und Videoclip gewöhnten Jugendlichen aufgebrochen und für eine aktive und produktive Auseinandersetzung mit dem Text nutzbar gemacht werden.

- Eine angst- und repressionsfreie Unterrichtssituation muss vorhanden sein, denn eine freundliche und entspannte Lernatmosphäre, in der der Einzelne sich akzeptiert und aufgehoben weiß, ist Voraussetzung dafür, dass sich Kreativität und Phantasie überhaupt entfalten können. Dies bedeutet, dass die Lernenden - insbesondere bei der Bewältigung kreativer Aufgaben - weder einem Zeit- noch Zensurendruck ausgesetzt werden, weil dadurch Kreativität verhindert wird. Auch muss der Lehrer zu einer gewissen Fehlertoleranz bereit sein. Übt er nämlich ständig Druck auf die Lernenden aus, sowohl fehlerlos zu sprechen als auch zu schreiben, so führt dieses Verhalten den Schüler dazu, mehr auf die Form als auf den Inhalt zu achten (vgl. Werder 1993: 47).

- Der im Französischunterricht immer noch vorrangig praktizierte Frontalunterricht wird an möglichst vielen Stellen der Unterrichtseinheit aufgebrochen und durch Partner- und Gruppenarbeit ersetzt, weil dadurch u. a. Ängste verringert, gruppenstörende Dominanzen eingedämmt, schöpferische Aktivitäten und soziales und sprachliches Lernen gefördert werden (vgl. Schwerdtfeger 1995: 207).

- Die Schreibprodukte werden möglichst veröffentlicht[5], denn eine "Veröffentlichung des Schreibprodukts führt nicht nur zu dessen Aufwertung; Anerkennung steigert die Freude an der eigenen Leistung und stärkt das Selbstbewusstsein". (Beile 1996: 9)

3. Leseempfehlungen

Im Folgenden möchte ich zwei Bücher aus dem reichhaltigen Angebot aktueller französischer Kinder- und Jugendliteratur vorstellen, die den genannten Kriterien genügen sowie aufgrund ihrer Leerstellen und Offenheit in hervorragender Weise geeignet sind, die Lesenden zu aktivieren, "mit ihrer Empathie und ihren Emotionen, mit ihren persönlichen Erfahrungen und ihren Phantasien, mit ihrem Wissen von Welt die Lücken zu füllen, dem Ganzen Sinn zu geben und lesend Sinn zu finden und Vergnügen dabei zu erfahren". (Mummert 1994: 13) Die inhaltliche Darstellung wird jeweils durch einige kurze methodische Anregungen für den unterrichtlichen Einsatz ergänzt. Ich bin der festen Überzeugung, dass diese beiden Romane auch bei deutschen Schülerinnen und Schülern auf reges Interesse stoßen werden. Aufgrund der Länge sowie des sprachlichen Schwierigkeitsgrades empfehle ich ihren Einsatz in der Sekundarstufe II.

3.1 Malika Ferdjoukh: *Les joues roses*

Das Buch *Les joues roses*[6] stammt aus der Feder der 1957 in Algerien geborenen Malika Ferdjoukh, die seit ihrer Kindheit in Paris lebt. Es ist 1993 in dem Verlag *L'Ecole des Loisirs* erschienen und als das lustigste Buch des Jahres mit dem *Prix Beaugency*[7] ausgezeichnet worden. Der Roman, der in zehn Kapitel sowie einen Epilog gegliedert ist, umfasst 154 Seiten.

3.1.1 Zum Inhalt

Im Mittelpunkt dieser witzigen und humorvollen Erzählung steht der 10-jährige Julius, der mit seinem Vater allein lebt. Papa Jean-Luc, wie Julius ihn nennt, ist jedoch kein gewöhnlicher Vater. Er ist vielmehr ein zerstreuter Wissenschaftler, der Raketen und Satelliten entwickelt. Da Papa Jean-Luc dem alltäglichen Leben völlig weltfremd gegenübersteht, bleibt Julius nichts anderes übrig, als die Rolle des Hausmannes zu übernehmen. Kochen, Einkaufen, Saubermachen, Wäschewaschen - all das sind Aufgaben, die Julius mit Bravour bewältigt bis zu dem Tag, an dem sein Vater aus Unachtsamkeit einen Brand in der Küche sowie eine Überschwemmung in der gesamten Wohnung verursacht. Ein Brand und eine Überschwemmung - das ist wirklich zu viel für Julius. Glücklicherweise weiß Elsa, seine beste Freundin, einen Rat. Eine Ehefrau muss her, die Julius entlastet und sich um den zerstreuten Vater kümmert. Elsa weiß von ihrer Tante, die ihre Zeit mit dem Lesen von Liebesromanen verbringt, dass rosa Wangen, die eine Frau beim Anblick eines Mannes bekommt, ein sicheres Zeichen der Liebe sind. Die Jagd nach der idealen Frau kann also beginnen, doch all ihre Versuche, Papa Jean-Luc eine Frau zu besorgen, schlagen fehl. Eines Tages lernt Jean-Luc zufällig die junge und attraktive Dominique Laventure kennen, die die Wohnung über der seinen bezogen hat und ihn tagtäglich mit einem Höllenlärm, der an Schreien von Affen, Brüllen von Löwen und Kreischen von Vögeln denken lässt, am Arbeiten und Schlafen hindert. Auch wenn sich die beiden bei ihrem ersten zufälligen Zusammentreffen schrecklich beschimpfen, ist es um Jean-Luc geschehen. Zwar werden nicht die Wangen von Dominique rosa, sondern die von Papa Jean-Luc, aber natürlich kommt es zu einem *happy end, une fin heureuse*, auch wenn Julius weiter die Rolle des Hausmannes spielen muss, denn Dominique, die Geräuschemacherin, steht der Hausarbeit ebenso hilflos gegenüber wie Papa Jean-Luc.

3.1.2 Anregungen für den unterrichtlichen Einsatz

Dieses Jugendbuch bietet methodisch ein reichhaltiges Spektrum an Aktivierungsmöglichkeiten, die die gleichmäßige Förderung "von Kopf, Herz und Hand" (Pestalozzi) ermöglichen, von denen ich einige stichpunktartig vorstellen möchte:

Vor der direkten Auseinandersetzung mit dem Roman könnten die Schülerinnen und Schüler beispielsweise die Handlungen, die eine Hausfrau täglich ausführt, pantomimisch darstellen. Diese werden anschließend von den Mitschülern erraten. Als alternativer Einstieg bietet sich die zeichnerische Gestaltung von *La journée d'une fée de logis* an, gegebenenfalls in Form einer Collage. Der Tagesablauf wird anschließend den Mitschülern präsentiert, kommentiert und kritisch hinterfragt. Darüber hinaus können die Lernenden an zahlreichen Stellen des Textes in mündlicher, schriftlicher, zeichnerischer oder darstellender Form Hypothesen über den weiteren Verlauf der Geschichte entwickeln, die anschließend mit dem Original verglichen werden, so z. B.:

a. Als Julius eines Tages von der Schule zurückkommt, herrscht in der Wohnung ein totales Chaos vor, weil sein zerstreuter Vater aus Unachtsamkeit die Küche in Brand gesetzt und darüber hinaus eine Überschwemmung verursacht hat. Was geschieht?

b. Was unternehmen Elsa und Julius, um eine Frau für Papa Jean-Luc zu finden?

c. Elsa sieht in ihrer neuen Lehrerin Mlle Brèze eine mögliche Heiratskandidatin. Was unternimmt sie, damit Jean-Luc, der nie ausgeht, seine zukünftige Frau kennen lernt?

d. Eines Tages trifft Papa Jean-Luc zufällig im Treppenhaus die neue Nachbarin, die ihn ständig durch einen Höllenlärm am Arbeiten und Schlafen hindert. Was geschieht?

Des Weiteren könnten die Schüler die Standpauke schreiben, die Julius seinem Vater hält und sie anschließend vorspielen oder aber eine Geschichte zu dem geheimen Zimmer von Dominique Laventure erfinden, aus dem diese seltsamen Geräusche kommen.

3.2 Marie Dufeutrel: *L'été Jonathan*

Der Roman *L'été Jonathan* von Marie Dufeutrel ist 1991 im *Rageot*-Verlag erschienen und mit dem *Grand Prix du Livre pour la Jeunesse 1990 - jury enfant* ausgezeichnet. Der Text, der durch einige Zeichnungen aufgelockert wird, umfasst 176 Seiten.

3.2.1 Zum Inhalt

Der Roman behandelt das Thema Integration von Behinderten, ein Thema, das erst in den letzten Jahren Aufnahme in die Kinder- und Jugendliteratur gefunden hat. Im Mittelpunkt dieses faszinierenden Buches steht Jonathan, ein geistig und körperlich behinderter Junge. Jonathan, der aufgrund eines Geburtsfehlers gehörlos ist, kann weder lesen noch schreiben. Da seine linke Hand bisweilen unkontrollierte Bewegungen macht, hat er die Gebärdensprache ebenfalls nicht lernen können. Da Jonathan wegen seiner Mehrfachbehinderung an der Gehörlosenschule nicht ausreichend betreut und gefördert werden kann, hat seine Mutter Claire ihn von dieser Schule abgemeldet, zumal ihr Sohn sich dort sehr unglücklich gefühlt hat. Er ist völlig abhängig von seiner Mutter, die ihn liebevoll betreut, aber keine Anforderungen und Erwartungen an ihn stellt und durch ihre Ängstlichkeit jeglichen Fortschritt von Jonathan unbewusst verhindert. Durch die Initiative der 10-jährigen Marik und durch die ihrer Geschwister, Cousinen und Cousins, mit denen Jonathan die Sommerferien in *Ker Avor*, einem kleinen Ort in der Bretagne verbringt, gelingt es, Jonathan aus seiner Außenseiterposition herauszuholen und in ihre Gemeinschaft zu integrieren. Zwar fühlen sich die Kinder zunächst durch seine Anwesenheit gestört, in ihrer Freiheit eingegrenzt, denn all die

Aktivitäten, die sie so sehr lieben, sind plötzlich unmöglich. Aber langsam lernen sie, Jonathan mit verstehenden Augen zu sehen. Auch Jonathan, zunächst abweisend und verängstigt, gewöhnt sich immer mehr an die Familie, gewinnt immer mehr Zutrauen zu den Kindern und zu sich selbst, tut plötzlich Dinge, die er früher unfähig war auszuführen. Aufgrund dieser Fortschritte kommen die Kinder auf die Idee, Jonathan in ihrer Schule unterzubringen. Ohne Hilfe der Erwachsenen gelingt es ihnen, diesen Plan in die Wirklichkeit umzusetzen.

Mit dieser hoffnungsvollen Vision der Integration des behinderten Jonathans plädiert Marie Dufeutrel eindringlich für die Integration aller Behinderten in die Gesellschaft. Der Text ist in hervorragender Weise geeignet, beim Leser negative Einstellungen und Haltungen gegenüber Außenseitern positiv zu beeinflussen sowie Verständnis für deren Schwierigkeiten zu entwickeln, um ihnen offen und tolerant zu begegnen.

3.2.2 Anregungen für den unterrichtlichen Einsatz

Das offene Ende lädt geradezu ein, den Roman fortzuführen, ihn entsprechend eigener Wünsche, Vorstellungen und Erfahrungen auszugestalten. "Werden die anderen Schülerinnen und Schüler Jonathan akzeptieren und ihn in ihre Gemeinschaft integrieren? Wird sich Jonathan seinerseits in die neue Schule gut einleben und den an ihn gestellten Aufgaben gerecht werden?" All das sind Fragen, die sicherlich auf das Interesse der Lernenden stoßen und sie zu Diskussionen anregen werden. Darüber hinaus bieten sich u. a. folgende Aufgabenstellungen an, die ich stichpunktartig vorstellen möchte:

- Assoziogramm zum Thema *Les vacances à la mer*,

- Beschreibung und Kommentierung ausgewählter Buchillustrationen,

- Erstellen von Charakteristiken von Marik sowie Claire, der Mutter Jonathans,

- Entwickeln von Fragen der Kinder an die Eltern, als sie erfahren, dass der behinderte Jonathan mit ihnen die Ferien verbringen wird,

- Formulierung (mündlich/schriftlich) der Gedanken der Kinder über Jonathan, nachdem sie ihn kennen gelernt haben,

- zeichnerische Darstellung und sprachliche Kommentierung des geheimen Ortes der Kinder, ihres "Paradieses",

- Schreiben des Briefes an den Schulrat und den Präsidenten,

- Schreiben eines Zeitungsartikels, in dem von dem Erfolg der Kinder, Jonathan in ihrer Schule unterzubringen, berichtet wird,

- Diskussion der Vorteile bzw. Nachteile von Sonderschulen bzw. Integrationsschulen, persönliche Stellungnahmen,

- Sammeln von landeskundlichen Informationen: Sonderschulen/Integrationsschulen in Frankreich im Vergleich zu Deutschland.

4. Schluss

Ich hoffe, dass die hier in aller Kürze vorgestellten Bücher das Interesse und die Neugier der Leserinnen und Leser geweckt haben und die eine oder der andere ihren Einsatz im Französischunterricht wagt. Ich bin der festen Überzeugung, dass diese Romane geeignet sind, die Lesemotivation der Lernenden zu wecken sowie ihre Kreativität und Phantasie zu fördern.

Anmerkungen

[1] Die Zeitschrift *Livre Jeunesse* gibt jährlich eine Sonderausgabe heraus, die die gesamte Produktion der Kinder- und Jugendliteratur eines Jahres enthält. Landes (1994) bietet einen guten Überblick über französische Jugendbuchreihen, die zum Teil nach Altersgruppen spezifiziert sind. Darüber hinaus spricht sie Empfehlungen für Kinder- und Jugendbücher für Französischlernende unterschiedlichen Lernniveaus aus.

[2] So konnte Albes (1993) beispielsweise anhand einer umfangreichen Untersuchung belegen, dass im Französischunterricht der gymnasialen Oberstufe in der Regel stets der gleiche eingeschränkte Literaturkanon zum Einsatz kommt. Zu den Spitzenreitern gehören vor allem Camus, Molière, Sartre, Saint-Exupéry und Ionesco.

[3] Auch der *Guide Européen du Livre de Jeunesse* (1994) sowie das *Livre français pour la jeunesse 2* (1995) bieten jeweils eine umfangreiche Liste mit empfehlenswerten Kinder- und Jugendbüchern an.

[4] Die für den Einsatz literarischer Texte formulierten Auswahlkriterien (vgl. u. a. Lübke (1994), Ader/Krüger [1988] und Bludau [1995]) finden auch bei der Analyse von Kinder- und Jugendliteratur Anwendung.

[5] Den Gedanken, die Schreibprodukte der Lernenden zu veröffentlichen, weil durch die Veröffentlichung das Schreiben sinnvoll wird, findet man bereits in der Freinet-Pädagogik (vgl. Hennig 1976).

[6] Dieses Buch sowie das folgende, das ich noch vorstellen werde, sind über den französischen Buchhandel zu beziehen.

[7] Dieser 1987 etablierte Preis, organisiert von der Stadt Beaugency, wird einmal jährlich für das lustigste Buch, das sich an Kinder und Jugendliche im Alter von 9-13 Jahren wendet, verliehen (vgl. *Guide Européen du Livre de Jeunesse* 1994).

Bibliographie

Ader, Wolfgang / Krüger, Gerhard (1988): "Überlegungen zur Auswahl und Bearbeitung von französischen Originaltexten für die Mittelstufe." *Der fremdsprachliche Unterricht* 22/91: 10-14.

Albes, Wolf-Dietrich (1993): "Der Literaturkanon im Französischunterricht der gymnasialen Oberstufe. Ergebnisse einer Umfrage unter Romanistikstudienanfängern an westdeutschen Hochschulen im WS 1990/91." *Französisch heute* 24/3: 251-257.

Baumgärtner, Alfred Clemens / Watzke, Oswald (1985): *Wege zum Kinder- und Jugendbuch.* Ein Beitrag zur Buchpädagogik. Theoretische Überlegungen und praktische Beispiele. Donauwörth: Ludwig Auer.

Baumgärtner, Alfred Clemens / Pleticha, Heinrich (Hrsg.) (1996): *Kinder- und Jugendliteratur.* Ein Lexikon. Meitingen: Corian.

Bausch, Karl-Richard / Christ, Herbert / Krumm, Hans-Jürgen (Hrsg.) (1995): *Handbuch Fremdsprachenunterricht*. Tübingen: Francke, 3. überarbeitete Aufl.

Beaumarchais, Jean-Paul / Couty, Daniel / Rey, Alain (Hrsg.) (1984): *Dictionnaire des Littératures de la langue française*. Paris: Bordas.

Beile, Werner (1996): "Kreatives Schreiben in der fremden Sprache." *Der fremdsprachliche Unterricht. Englisch* 30/23: 4-11.

Bludau, Michael (1995): "Wege zum Lesen. Vom frühen Umgang mit der sogenannten Ganzschrift." *Fremdsprachenunterricht* 39/4: 250-255.

Bravo-Villasante, Carmen (1977): *Weltgeschichte der Kinder- und Jugendliteratur*. Versuch einer Gesamtdarstellung. Hannover: Hermann Schroedel.

Buttjes, Dieter / Butzkamm, Wolfgang / Klippel, Friederike (Hrsg.) (1992): *Neue Brennpunkte des Englischunterrichts*. Frankfurt a. M.: Peter Lang.

Caspari, Daniela (1995): "Kreativität im fremdsprachlichen Literaturunterricht." *Praxis des neusprachlichen Unterrichts* 42/4: 345-352.

Centre de Promotion du Livre de Jeunesse Seine-Saint-Denis (Hrsg.) (1994): *Guide Européen du Livre de Jeunesse*. Paris: Editions du Cercle de la Librairie.

Dahl, Erhardt (1990): "Lesestoffe für den Englischunterricht: Zum Beispiel Jugendliteratur." *Neusprachliche Mitteilungen* 43/2: 109-115.

Dufeutrel, Marie (1991): *L'été Jonathan*. Paris: Rageot-Editeur. Collection Cascade.

Eckhardt, Juliane (1987): *Kinder- und Jugendliteratur*. Darmstadt: Wissenschaftliche Buchgesellschaft.

Escarpit, Denise (1993): *Le récit d'enfance*. Paris: Editions du Sorbier.

Escarpit, Denise (1984): "Littérature d'enfance et de jeunesse." In: Beaumarchais, Jean-Paul / Couty, Daniel / Rey, Alain (Hrsg.) (1984): 748-751.

Ewers, Hans-Heino / Nassen, Ulrich / Richter, Karin / Steinlein, Rüdiger (Hrsg.) (1995): *Kinder- und Jugendliteraturforschung 1994/95*. Stuttgart, Weimar: J. B. Metzler.

Ewers, Hans-Heino (1995): "Kinder- und Jugendliteratur - Entwurf eines Lexikonartikels." In: Ewers, Hans-Heino / Nassen, Ulrich / Richter, Karin / Steinlein, Rüdiger (Hrsg.) (1995): 13-24.

Ferdjoukh, Malika (1993): *Les joues roses*. Paris: Neuf de L'Ecole des Loisirs.

Fery, Renate (1998a): "Marie-Aude Murails 'L'oncle Giorgio': ein Kinderbuch für den Französischunterricht". *Der fremdsprachliche Unterricht. Französisch* 32/1: 13-17.

Fery, Renate (1998b): "La littérature d'enfance et de jeunesse im Französischunterricht". *Französisch heute* 29/3: 304-315.

Hennig, Christoph (1976): "Freinet-Pädagogik: Eine konkrete Alternative für die Schule." In: Vasquez, Aida / Oury, Ferdinand u. a. (Hrsg.) (1976): 9-37.

Hermes, Liesel (1992): "Originaltext und Leseverstehen. Plädoyer für Simplified Literature." In: Buttjes, Dieter / Butzkamm, Wolfgang / Klippel, Friederike (Hrsg.) (1992): 22-31.

Hessisches Institut für Bildungsplanung und Schulentwicklung (HIBS) (Hrsg.) (1994): Materialien zum Unterricht, Sekundarstufe I - Heft 124. *Französisch 6: Au plaisir de lire*. Wiesbaden.

Heupel, Carl (1992): "Französische Jugendliteratur für deutsche Schüler." *Französisch heute* 23/2: 144-147.

Kessling, Viola (1995): "Ist das nicht viel zu schwer? Gedichte im Englischunterricht der Sekundarstufe I." *Fremdsprachenunterricht* 39/4: 260-263.

Landes, Elisabeth (1994): "Livre de jeunesse francophone dans la classe de FLE." *Französisch heute* 25/3: 380-389.

Lübke, Diethard (1994): "Ganzschriften im 3. und 4. Lernjahr Französisch - neben der Lehrbucharbeit." *Fremdsprachenunterricht* 38/4: 266-267.

Livre Jeunesse (1996): *Sur les sentiers de l'imaginaire*. Supplément à Livres Hebdo 217 du 20 septembre 1996. Editions Milan.

Maier, Karl Ernst (1987): *Jugendliteratur. Formen, Inhalte, pädagogische Bedeutung*. Bad Heilbronn / Obb.: Julius Klinkhardt, 9. überarbeitete Aufl. von 'Jugendschrifttum'.

Mengler, Klaus (1992): "La lecture individuelle oder das 'lesende Klassenzimmer'." *Fremdsprachenunterricht* 36/7: 390-394.

Mengler, Klaus (1995): "Französische Kinder- und Jugendliteratur im Unterricht." *Fremdsprachenunterricht* 39/4: 270-274.

Ministère des Affaires étrangères (Hrsg.) (1995): *Livre français pour la jeunesse 2*. Paris.

Mummert, Ingrid (1994): "Literatur in der Lehrbuchphase - 'L'oeil du loup'." *Der fremdsprachliche Unterricht. Französisch* 28/4: 13-17.

Schwerdtfeger, Inge (1995): "Gruppenunterricht und Partnerarbeit." In: Bausch, Karl-Richard / Christ, Herbert / Krumm, Hans-Jürgen (Hrsg.) (1995): 206-208.

Sernetz, Elisabeth (1997): "Et si on lisait chacun son bouquin? Eine 'lecture individuelle'." *Der fremdsprachliche Unterricht. Französisch* 31/5: 24-26 und 35-36.

Soriano, Marc (1985): "Littérature pour la jeunesse." In: Encyclopaedia Universalis. Corpus 10. Interférences - Libertins. Paris 1985: 617-622.

Vasquez, Aida / Oury, Ferdinand u. a. (Hrsg.) (1976): *Vorschläge für die Arbeit im Klassenzimmer. Die Freinet-Pädagogik*. Reinbek bei Hamburg: Rowohlt.

Werder, Lutz von (1993): *Lehrbuch des kreativen Schreibens*. Berlin, Milow: Schibri.

Zoughebi, Henriette (1995): "Regard sur 10 ans d'édition jeunesse." In: Ministère des Affaires étrangères (Hrsg.) (1995): 5-15.

Lehrbuch - Lesebuch - Lernroman
Drei Wege zum Lesen in der Fremdsprache

Heide Schrader

Lis! Lis! Mais lis donc, bon sang, je t'ordonne de lire! Monte dans ta chambre et lis! - Ob aus Kindern Leser werden, hängt viel vom Verhalten der Eltern ab. Daniel Pennac beschreibt in seinem Buch *Comme un roman* drei Varianten dieses Verhaltens. Zunächst lässt er den per Anordnung erziehenden Elterntypus zu Wort kommen. Über dessen Erfolg urteilt er allerdings äußerst skeptisch: *Le verbe lire ne supporte pas l'impératif. Aversion qu'il partage avec quelques autres: le verbe "aimer"* ... *le verbe "rêver"* ... (Pennac 1992: 13). Andere Väter und Mütter gehen seiner Meinung nach geschickter vor. Es sind Eltern, die ihren Kindern zunächst Geschichten erzählen abends vor dem Einschlafen. Durch das Vergnügen ihrer Kinder angestachelt erfinden sie immer mehr Figuren, immer neue Episoden, immer raffiniertere Fallen und Proben für ihre Helden. Sie werden Schriftsteller ihren Kindern zuliebe. Und wenn sie nichts zu erzählen wissen, lesen sie laut vor. Später werden sie sich selig erinnern: *Tel était le couple que nous formions à l'époque, lui le lecteur, ô combien malin! et nous le livre, ô combien complice!* (Pennac 1992: 18) Eine dritte Kategorie, die Pennac ausmacht, lehnt das Lesen im Grunde einfach ab. Für diese Eltern ist anderes allemal wichtiger: *"Mais arrête de lire, voyons, tu vas te crever les yeux!" "Sors plutôt jouer, il fait un temps superbe." "Eteins! Il est tard!"* ... *Oui, il faisait toujours trop beau pour lire, et trop sombre la nuit.* (Pennac 1992: 15)

Lehrbücher gleichen in gewisser Weise den von Pennac beschriebenen Elterntypen. Da gibt es zunächst die Bücher für die ganz Zielstrebigen. Deren Motto lautet: Lesen, lesen und nochmals lesen! Andere Bücher versuchen mit bunten, spannenden Geschichten zu locken. Spaß und Unterhaltung versprechen sie und das Lesenlernen nebenbei. Wieder anderen geht es gar nicht vorrangig um das Lesen. Sprechenlernen und Rollenspiele stehen im Vordergrund. Gelesen wird nur zur Vorbereitung. - Wenn auch satirisch überhöht, vermittelt diese Einteilung dennoch einen ersten Eindruck davon, was Lesenlernen in der Fremdsprache heute bedeuten kann. Die folgende systematische Analyse soll Leselernkonzeptionen mit ihren Vorzügen und Defiziten im Detail betrachten. Die Unterscheidung zwischen Lehrbuch, Lesebuch und Lernroman entspricht der unterschiedlichen Schwerpunktsetzung in den untersuchten Lehrwerken.

Das Lehrbuch: Mündliche Alltagskommunikation in der Fremdsprache

Réalités ist ein Lehrbuch für die ersten vier Jahre Französisch als 2. Fremdsprache. 1992 hat Cornelsen den ersten Band herausgebracht. Inzwischen liegt die Reihe komplett vor. *Réalités* steht für eine Schwerpunktsetzung im Bereich der mündlichen Alltagskommunikation. Ein Blick in das Inhaltsverzeichnis verrät, dass die Vermittlung von Redeabsichten von zentraler Bedeutung ist. Durch die Arbeit mit den Redemitteln sollen "immer differenziertere Äußerungen in der Zielsprache ermöglicht werden, also produktives und wirklich kommunikatives Sprechen" (Minuth 1993: 6). *Réalités* will diesem Anspruch durch Lebensnähe und Authentizität, Altersangemessenheit und situative Gestaltung Rechnung tragen (vgl. Minuth 1993: 5 f.). Authentizität meint hier eher Glaubwürdigkeit, denn authentisch im eigentlichen Sinn sind die dargebotenen Ausschnitte aus der französischen Lebenswirklichkeit nicht. Die Texte stammen durchweg von den Lehrbuchautoren selber. Mit ihren Texten - vor allem in Band 1 und 2 - wollen die Autoren demonstrieren, wie die französischen Altersgenossen der Schüler im Alltag mündlich kommunizieren. Meist stehen kleine Konfliktsituationen im Mittelpunkt, um zu Stellungnahme und Identifikation zu ermuntern.

Im Anfangsunterricht erfüllen die Texte vor allem die Funktion von Filtertexten. Sie präsentieren das neue Sprachmaterial und liefern gleichzeitig Modelle für Sprechsituationen, die im Anschluss an die Lektüre trainiert werden sollen. Dementsprechend bedeutet Leseverstehen vorwiegend detailliertes Lesen. Den Texten liegen einfache Bedeutungs- und Handlungsstrukturen zugrunde, so dass sich das Leseverstehen vornehmlich auf das Wiedererkennen von lexikalischen und syntaktischen Strukturen beschränkt (vgl. Minuth 1993: 9). Mit Ausnahme einiger Gedicht- und Chansontexte sowie einer Kurzgeschichte im Band 3 stehen keine eigens für das Lesen konzipierten Texte zur Verfügung. Auch spezielle Übungen oder Anleitungen zum Lesenlernen sucht man im Schülerbuch vergebens.

Die Bilanz wäre unvollständig ohne die Erwähnung von *Côte à Côte*. In diesem Zusatzmaterial zu *Réalités* finden Schülerinnen und Schüler die Möglichkeit sich wichtige Lern- und Arbeitstechniken anzueignen. Erfreulicherweise haben die Verfasser auch an die Fertigkeitsentwicklung im Bereich des Lesens gedacht. Sie zeigen den Lernenden, wie man unbekanntes Vokabular in einem Text erschließt. Zunächst werden die verschiedenen Möglichkeiten des Erschließens vorgestellt und an Beispielen erläutert, dann folgt das Schema eines Leseprotokolls:

> Text: 3 C
> Seite: 29
> Titel: *Il travaille bien, David*
>
> 1. Folgende Wörter habe ich aus dem Deutschen/Englischen abgeleitet:
>   Wort   mögliche Übersetzung
>   ------------------------------------   --
>
> 2. Folgende Wörter habe ich aus der Umgebung des Wortes (aus dem Satzzusammenhang, von dem Bild) abgeleitet:
>   Wort   mögliche Übersetzung
>   ------------------------------------   --
>
> 3. Folgende Wörter habe ich erschließen können, weil ich schon ein Wort aus der gleichen Wortfamilie kenne:
>   Wort   mögliche Übersetzung   Wort aus der gleichen Wortfamilie
>   --------   ---------------------   ---
>
> 4. Folgende Wörter habe ich im Vokabular, S. 108 bzw. 124-128, nachgeschlagen:
>   ---

(Héloury & Rivière 1996: 9)

Die Leseprotokolle von Héloury & Rivière sind ein überzeugendes Beispiel dafür, wie die häufig zu hörende Forderung nach Vermittlung von Lerntechniken konkret umgesetzt werden kann. Man darf allerdings nicht ausschließlich auf diese Übungsform setzen, sonst schleifen sich negative Lesegewohnheiten ein.

Bei *Côte à Côte* hat man das leider nicht genügend beachtet. Die Schülerinnen und Schüler sollen zu fast jedem zweiten Lehrbuchtext ein Leseprotokoll nach dem oben angeführten Muster anfertigen, müssen also ihre Aufmerksamkeit stets auf das unbekannte Vokabular konzentrieren. Dadurch könnte sich der bei Anfängern ohnehin vorhandene Drang zum kleinschrittigen Erschließen verstärken, zumal keine alternativen Lesestrategien angeboten werden. Der didaktische Aufwand für das Lesenlernen in *Réalités* ist eben insgesamt zu gering. Ein Vergleich mit dem Text- und Übungsangebot in anderen Lehrwerken unterstreicht diesen Eindruck.

Das Lesebuch: Rezeptive Kompetenz für Fachleute

Reading German heißt ein Selbstlernkurs für das Lesen deutschsprachiger Fachtexte. Mit *Reading German* arbeiten seit 1997 Studenten verschiedenster Fachrichtungen an der University of British Columbia in Vancouver. Das Ziel der Autoren war es, ein Material zu erstellen, das es Anfängern ohne Deutschkenntnisse ermöglicht, Fachtexte zu lesen und zu verstehen. Charakteristisch für das methodische Vorgehen ist zweierlei: Zum einen erfährt der Benutzer bei jedem Text, welche Lesestrategien er verwenden soll und wie er sie am besten einsetzt. Zum anderen leiten Beobachtungsaufgaben das selbstständige Erkennen von Regularitäten in Wortschatz und Grammatik.

Neben dem Lesebuch kann auch ein Multimedia-Programm auf CD-ROM benutzt werden. Es enthält alle Texte und Aufgaben aus dem Buch, darüber hinaus auch die Lösungen zu diesen Aufgaben. Man kann außerdem Bild- und Tonmaterial zu den Texten abrufen oder in Wissensspeichern nachschlagen. Der Kurs bietet den Studenten viele Vorteile: Sie sind flexibel, nicht an Ort und Zeit gebunden. Sie können das Tempo selbst bestimmen und auch ganz spezielle Ziele realisieren je nach Fachrichtung und individuellem Interesse. Wie funktioniert das im Einzelnen?

Der erste Band von *Reading German* dient der Einführung in das Lesen. In den ersten Lektionen erfahren die Studenten vor allem, wie sie ihr Vorwissen am zweckmäßigsten einsetzen können. Sie werden u. a. aufgefordert, sich selbstständig zu orientieren: am Titel, an den Illustrationen, am Texttyp, an der Textstruktur, an Namen, an Internationalismen, am Kontext usw. Dabei sollen sie lernen, ihre Fähigkeiten zum Hypothesenbilden zu nutzen. Man rät ihnen davon ab, sich mit jedem einzelnen unbekannten Wort auseinanderzusetzen. Dies sei oft nicht notwendig, um zu den gewünschten Informationen zu gelangen. Alles sei erlaubt, nur eins verboten: das Nachschlagen im Wörterbuch (vgl. Roche 1997: 7 f.) Nach der Einführung in die Erschließungstechniken folgen Texte zu verschiedenen Themenbereichen von eher allgemeinem Interesse. Die Kapitelüberschriften lauten: Deutschland und Europa - Geographisches, Europa - Probleme und Lösungen, Erzählwelten und göttliche Speisen (Brüderchen und Schwesterchen, Apfelkuchen mit Streuseln), Recht und Gerechtigkeit. Die Lektüre dieser insgesamt 25 Texte ist obligatorisch, aber der Leser legt selber fest, in welcher Reihenfolge er innerhalb der einzelnen Themenbereiche vorgeht.

Mit dem Band 2 setzt dann die Spezialisierung auf Fachgebiete ein. Das Lesebuch für Studenten geisteswissenschaftlicher Disziplinen umfasst fünf Themenkomplexe. Die Texte innerhalb eines Komplexes sind auf fünf verschiedenen Niveaustufen angesiedelt. Diese Niveaustufen unterscheiden sich u. a. durch den Anteil an Fachtermini. Der Leser kann sich entscheiden zwischen Progression A und B. Progression A heißt: Er liest zunächst alle Texte auf der untersten Niveaustufe und erhöht dann den Schwierigkeitsgrad. Progression B bedeutet: Er liest bereits innerhalb eines Themenkomplexes mit allmählicher Steigerung des Anforderungsniveaus. Ob Progression A oder B, stets erfolgt das Lesen wie schon in Band 1 unter Anleitung. Nur bei den Texten auf der höchsten Niveaustufe hat man auf didaktisches Beiwerk verzichtet. Hier geht es darum, bereits erworbene Fähigkeiten anzuwenden und zu testen.

Der Kurs zeigt, wie man allein auf der Basis seines Expertenwissens auf den verschiedensten Gebieten fremde Texte im Original verstehen kann. Ausschlaggebend ist der erfolgreiche Einsatz von Lesestrategien. Wer zusätzlich auch Sprachkompetenz im mündlichen Bereich erwerben möchte, dem hilft *Reading German* allerdings nicht weiter. Das ist sicherlich für viele Nutzer dieses Lesekurses unbefriedigend.

Dass es nicht an Lösungen fehlt für dieses Problem, zeigt ein anderes Lesebuch. Es handelt sich um *Paso a paso*, ein Buch zum Spanischlernen, das 1992 im Hueber-Verlag erschienen ist. Seine Zielgruppe sind Jugendliche oder Erwachsene, die ein kompaktes Lese- und Lernpensum wünschen. *Paso a paso* soll es gehen, verspricht der Name, aber die Treppe zum Lernerfolg steigt steil an. Bereits auf der Seite 28 beispielsweise gibt der spanische Filmregisseur Luis Buñuel in einem Ausschnitt aus seiner Autobiographie Auskunft darüber, was er mag und was er nicht mag. Man ist doch ziemlich überrascht, diesem durchaus literarische Geltung beanspruchenden Text schon in Lektion 4 eines Lehrwerks für Anfänger zu begegnen. Die Literatur aber ist nicht Ausnahme, sondern Regel in diesem Grundkurs in einem Band. Fast jede Lektion beginnt mit dem Originaltext eines spanischen oder lateinamerikanischen Autors. Gleichzeitig wird eine Brücke geschlagen zu Werken der Bildenden Kunst. Zu einem Text des argentinischen Schriftstellers Borges beispielsweise gehört ein Bild des Spaniers Salvador Dalí.

Die grammatische Progression ist gleichfalls höchst anspruchsvoll. Die grammatischen Erscheinungen werden nicht bruchstückhaft, sondern im System dargestellt und erklärt. *Paso a paso* ist allerdings ein Material, das sich flexibel einsetzen lässt. Bei Bedarf kann zusätzlich mit einem zweiten Buch gearbeitet werden. Dieses hält weitere Übungen bereit, um zum einen die steile Progression abzufedern und zum anderen insbesondere die Gesprächsfähigkeit zu trainieren. Da die literarischen Texte mit Bedacht so ausgewählt wurden, dass ihr Wortschatz auch auf Alltagssituationen übertragbar ist, kann das Kompetenzspektrum dahingehend erweitert werden. Diese Lösung - das bedarfsgerechte Erweitern und Verknüpfen von Kompetenzbausteinen - erscheint vielversprechend als Modell für die Gestaltung von Lehrwerken der Zukunft.

Der Lernroman: Leseverstehen als Schlüssel zur Sprachkompetenz

Passages ist ein vierbändiges Französischlehrwerk vom Diesterweg-Verlag, gedacht für den Einsatz an Gymnasien und Gesamtschulen. Seit 1998 wird es im Unterricht eingesetzt. *Passages* steht hier für den Lernroman. Drei Aspekte, die für das Wesen des Lernromans ausschlaggebend sind, sollen im Folgenden am Beispiel von *Passages* erörtert werden.

1. Das *storyline*-Prinzip und die Inhaltsorientierung

Die Bände 1 bis 3 von *Passages* erzählen jeweils eine in sich abgeschlossene Geschichte mit einem durchgehenden Handlungsfaden im Stil der Jugendbuchliteratur. Die Autoren setzen thematisch auf Spannung und Unterhaltung. In Band 1 entwickelt sich ein harmloser Ausflug von sieben Jugendlichen unversehens zu einer abenteuerlichen Segeltour um die halbe Welt. In Band 2 gelingt es den Freunden, einen Kriminalfall zu lösen. In Band 3 planen und realisieren sie eine Radtour, bei der allerhand passiert.

Die Lektionen innerhalb eines Buches folgen dem narrativen Grundmuster der *storyline*. Beispiel Band 1: Zunächst werden die Akteure und ihr Lebensraum (*setting*) vorgestellt, dann folgen mehrere inhaltlich aufeinander bezogene Episoden mit einem Überraschungsmoment (*incident*) und einem logischen Schluss. Die einzelnen Episoden sind so gestaltet, dass der Spannungsbogen erhalten bleibt und das Ende eines Kapitels neugierig macht auf das weitere Geschehen. Das *storyline*-Konzept soll - so wünscht es der Verlag - dem ganzen Unterricht inhaltliche und thematische Kohärenz verleihen, ihn nicht mehr als lose Folge von unverbundenen Einzelstunden erscheinen lassen (vgl. dazu auch Bell 1995). Mit dem Konzept der *storyline* beschreitet *Passages* einen neuen Weg. Die Lektüre einer zusammenhängenden Geschichte steht erstmals im Mittelpunkt der Lehrwerksarbeit.

2. Das Hör- und Leseverstehen als Schlüssel zum Erwerb der Sprachkompetenz

Im Sinne des ganzheitlichen Lernens wird die *storyline* auf drei Ebenen präsentiert: a) als Hörspiel, b) als Fortsetzungsroman und c) als Bildergeschichte, wobei alle drei Ebenen für sich genommen den Handlungszusammenhang wiedergeben. Die großformatigen Bilder können auch als Wandfries verwendet werden. Sie schaffen nicht nur eine optisch anregende Lernumgebung, sondern veranschaulichen auch den thematischen Kontext des Unterrichts und den Verlauf.

Der Einstieg in die *storyline* von *Passages* erfolgt zunächst über das Hören. Die ersten drei Episoden in Band 1 werden als Hörtexte präsentiert, wobei es zunächst nur um eine globale Einordnung geht (Ort und Zeit der Handlung, handelnde Personen, dargestellte Situation). Ab Kapitel 3 führen dann auch Lesetexte das Geschehen weiter. Hörtexte bleiben aber integraler Bestandteil des Lehrwerks. Zu den Hörtexten zählen kurze Passagen wie z. B. Radiomeldungen, aber auch ganze Unterkapitel. Der Ausgang der Geschichte wird am Ende auch nur in einem Hörtext verraten.

Der besondere Charakter der Geschichte verlangt einen umfangreichen Wortschatz, der im Unterschied zur bisherigen Lehrwerktradition zum Großteil aus rezeptivem Vokabular besteht. Das Verstehen und die Wortschatzarbeit werden visuell unterstützt. Großformatige Illustrationen erleichtern in jeder Lektion das Globalverstehen, attraktive Bildlexikon-Seiten unterstützen das Einordnen der neuen Vokabeln.

Der *storyline*-Charakter bedingt, dass die inhaltliche Progression Vorrang hat, d.h. es können innerhalb der Texte Strukturen auftauchen, die an dieser Stelle noch nicht explizit behandelt werden, sondern erst zu einem späteren Zeitpunkt (rezeptive Grammatik). Wortschatz und Grammatik haben wie in anderen Lehrwerken eine dienende Funktion. Neu dagegen ist, dass die Schülerinnen und Schüler die fremde Sprache vorrangig als Mittel erfahren, eine erzählte Geschichte nach und nach zu entschlüsseln und sich darüber auszutauschen. Abzuwarten bleibt, wie sich mit diesem neuen Lehrwerk unterrichten lässt. Geht das Konzept auf, Hör- und Leseverstehen als Schlüssel zur Sprachkompetenz einzusetzen?

4. Roman oder didaktischer Text?

Die Idee für den ersten Band ist Gold wert. Was die Segeltour, die den Erzählfaden liefert, didaktisch hergibt, ist erstaunlich. Bereits der Werbeprospekt des Verlags profitiert davon. Er schwelgt geradezu in Gleichnissen mit der Seefahrt. Wir erfahren: Entdeckendes Lernen ist wie Segeln um die Welt. Es gilt eine Welt zu entdecken, eine neue Sprachwelt. Dabei kann man einen Schatz heben, den persönlichen Sprachschatz. Sprachenlernen heißt Schatzsuche. Übungen sind Werkzeuge zum Heben des Schatzes. Lehrer begleiten sicher auf der Reise als Kapitän oder Steuermann. Begleitmaterialien garantieren die umfassende Betreuung der ganzen Mannschaft. Der Lehrerband steuert auf direktem Kurs zum Ziel ...

In der Tat ist es so, dass aus dem thematischen Grundeinfall alle wesentlichen Vorzüge dieses ersten Bandes resultieren. Die Rahmenhandlung erlaubt den flexiblen Wechsel zwischen zahlreichen internationalen Schauplätzen. In Frankreich beginnt die Geschichte, führt dann aber von dort in diverse Länder der frankophonen Welt. Auch die jugendlichen Protagonisten kommen zwar aus Frankreich, entstammen aber verschiedenen Kulturkreisen. Zwei junge Deutsche sind mit dabei, die erst im Verlauf der Reise Französisch lernen und sich daher als Identifikationsfiguren anbieten. Die gemeinsam bestandenen Abenteuer der jugendlichen Seefahrer vermitteln nicht nur vielfältige soziale und interkulturelle Erfahrungen, sie liefern zugleich Ansatzpunkte für fächerübergreifendes Lernen. In das Handlungsgeschehen werden häufig Themen aus Geographie, Geschichte, Physik und Kunst eingebunden. - Interkulturelles Lernen, fächerübergreifendes Lernen, Entwicklung der Hör- und Lesekompetenz, Handlungsorientierung ... Ehrgeizige Ziele steuert *Passages* an mit nur einem Text, wenn auch einem besonders langen. Ist dieser Versuch gelungen oder leidet der Text an Überfrachtung?

Fest steht, dass man einen Text, mit dem sich so verschiedenartige Ziele erreichen lassen, nicht per Zufall findet. Man muss ihn wohl oder übel selber schreiben. Das hat man bei Diesterweg auch getan, und so ist *Passages* schließlich doch eher ein didaktischer Text geworden als ein Roman. Allein auf diesem didaktischen Text aber baut nun die Entwicklung der Leseverstehenskompetenz auf. Das hat zur Folge, dass Abstriche gemacht werden müssen: keine authentischen Texte, nur eine Textsorte, keine unterschiedlichen Lesestrategien. Dass darüber hinaus weder Anleitungen noch Übungen zum Erschließen der Texte vorgesehen sind, lässt sich allerdings nicht mit der Entscheidung für einen durchgehenden Text begründen und entschuldigen.

Ein in dieser Hinsicht deutlich besseres Konzept liegt einem Lernroman für Deutsch als Fremdsprache zugrunde. Unter dem Titel *Die Suche* hat der Langenscheidt-Verlag 1993 diesen Lernroman für den Unterricht mit jugendlichen oder erwachsenen Lernanfängern herausgebracht. Im ersten Band geht es um die Geschichte von Gröger und Schlock, die mit wechselndem Glück eine geheimnisvolle Frau verfolgen. Im Band 2 wird von Elena erzählt, die nach ihrem Vater sucht. Als Autoren hat man zwei Schriftsteller gewinnen können, Hans Magnus Enzensberger für den ersten Band und Peter Schneider für den zweiten.

Unterrichtet wird mit einem Text- und einem Arbeitsbuch. Das Textbuch ist - anders als bei *Passages* - ganz der didaktischen Begleitung des Leseprozesses gewidmet. Es enthält neben dem Roman ein erfreulich variationsreiches Angebot an Übungen und Aufgaben vornehmlich zum Erschließen, Verstehen und Deuten der Geschichte. Das Arbeitsbuch hingegen konzentriert sich auf die Bereiche Wortschatz, Grammatik, Sprechen und Schreiben. Darüber hinaus bietet es passend zum jeweiligen Thema anspruchsvolle Zusatzlektüre. So kann Lesekompetenz in ganzer Breite angesteuert werden. Aber die Überfülle des Materials verwirrt auch und lenkt vom Erzählfaden ab.

Fazit

Lehrbuch, Lesebuch und Leseroman gehen unterschiedliche Wege zum Lesenlernen in der Fremdsprache. Ihr Vergleich sorgt für Spannung, da sich die unterschiedlichen Konzeptionen wenigstens partiell gegenseitig in Frage stellen. Didaktisch-methodische Wegmarken, die steile Anstiege wie auch Umwege und Sackgassen sichtbar machen, treten deutlicher hervor. Gibt es nun neben den mehr oder weniger berechtigten Unterschieden auch Gemeinsamkeiten, quasi Wegstrecken, die jeder Lernende gehen muss hin zum Ziel der Lese- und Verstehenskompetenz in der Fremdsprache? Lassen sich am Ende auch universelle Kriterien zur Beurteilung von Leselernmaterialien und -methoden ausmachen? - Der Schriftsteller Daniel Pennac kennt zumindest die universellen Rechte der Leser. Seine Charta der Leserrechte weist folgende Punkte auf:

1. Le droit de ne pas lire.
2. Le droit de sauter des pages.
3. Le droit de ne pas finir un livre.
4. Le droit de relire.
5. Le droit de lire n'importe quoi.
6. Le droit au bovarysme (maladie textuellement transmissible).
7. Le droit de lire n'importe où.
8. Le droit de grappiller.
9. Le droit de lire à haute voix.
10. Le droit de nous taire. (Pennac 1992: 162)

Es erscheint ratsam, diese Leserrechte auch bei der Entwicklung des Fremdsprachen- lehrbuchs der Zukunft zu respektieren. Für diesbezügliche Belange bietet sich aus fremdsprachendidaktischer Sicht folgende Sprachregelung an:
Die Rechte der Schülerinnen und Schüler beim Lesenlernen in der Fremdsprache:
1. Das Recht auf gut geschriebene Texte
2. Das Recht auf Texte aus der fremden Kultur
3. Das Recht auf Auswahl des Lesestoffes
4. Das Recht auf unterschiedliche Textsorten
5. Das Recht auf unterschiedliche Lesestrategien
6. Das Recht auf lektürevorbereitende, -begleitende und -nachbereitende Aktivitäten
7. Das Recht auf Zeit zum Lesen.

Literaturhinweise:

Bell, Steve (1995): "Storyline as an Approache to Language Teaching." *Die Neueren Sprachen* 94/1: 5-25.

Bergér, Nicole / Bufe, Wolfgang / Pelz, Manfred / Verger, Nicole / Weßling-Bagel, Marion (1998): *PASSAGES 1*. Frankfurt am Main: Verlag Moritz Diesterweg.

Eismann, Volker / Enzensberger, Hans Magnus / van Eunen, Kees / Helmling, Brigitte / Kast, Bernd / Mummert, Ingrid / Thurmaier, Maria (1993): *Die Suche. Das andere Lehrwerk für Deutsch als Fremdsprache. Textbuch 1*. Berlin und München: Langenscheidt.

Halm, Wolfgang / Ortiz Blasco, Carolina (1992): *Paso a paso. Ein systematischer Einstieg in die spanische Sprache*. Ismaning: Max Hueber.

Héloury, Michèle / Schenk, Sylvie / Gregor, Gertraud / Minuth, Christian (1992): *RÉALITÉS 1*. Berlin: Cornelsen.

Héloury, Michèle / Rivière, Sabine (1996): *RÉALITÉS 1. Côte à Côte. Partnerübungen und Lerntechniken*. Berlin: Cornelsen.

Minuth, Christian (1993): *RÉALITÉS 1. Lehrerhandbuch*. Berlin: Cornelsen.

Pennac, Daniel (1992): *Comme un roman*. Paris: Gallimard.

Roche, Jörg (1997): *Reading German. A Multimedia Self-Study Course on Reading German for Professional and Technical Purposes*. North Vancouver: Lingua Consult.

Sind die neuen Medien eine Herausforderung für das althergebrachte Lehrwerk?

Felicitas Tesch

0. Einleitung

Sind die neuen Medien eine Herausforderung für das althergebrachte Lehrwerk? Um diese Frage beantworten zu können, muss zunächst definiert werden, was ein Lehrwerk überhaupt ist.

Wir erinnern uns: In der traditionellen Grammatik-Übersetzungsmethode gab es lediglich ein Lehrbuch, das in mehrere Lektionen eingeteilt war (von *units* sprach man damals noch nicht), anhand derer grammatische Strukturen deduktiv vermittelt wurden. Das Lernziel einer Lektion galt schließlich als erreicht, wenn die Übersetzung eines deutschen Textes in die Fremdsprache glückte. In der sich anschließenden direkten Methode, die viel Wert auf die Vermittlung mündlicher Fertigkeiten setzte und in der das Übersetzen als verpönt galt, wurde eine Vielfalt von Medien eingesetzt, Lehrbücher waren eher die Ausnahme. Die audiolinguale Methode wiederum war stark durch den Einsatz eines Mediums charakterisiert: das Sprachlabor, das als "Wundermaschine" gepriesen wurde und an das hohe Erwartungen geknüpft wurden. Heute ist uns allen bekannt, dass diese Erwartungen nicht erfüllt wurden. Sprachlabore dienen jetzt lediglich zum Diktateschreiben, wenn sie nicht bereits zu Computerräumen umgerüstet wurden.

In der kommunikativen Methode bestand ein Lehrwerk aus einer Vielzahl von Komponenten: Lehrbuch, grammatisches Beiheft, Vokabelheft, *workbook*, Folien, Wandbilder usw. Diese Anhäufung schlug sich nicht nur in schweren Schultaschen nieder (und immer wieder wurden Teile vergessen), sondern zog auch die Kritik u. a. der Eltern auf sich. Heute beobachtet man daher die Tendenz, dass die Verlage wieder zurück zu einem Lehrbuch mit integrativem Grammatik- und Vokabelteil finden. Lediglich das *workbook* bleibt separat.

Als neue Medien gelten heute vor allem das Video und der Computer. Auf den Einsatz von Videoprogrammen will ich an dieser Stelle verzichten und mich gleich dem Einsatz des Computers widmen.

Zunächst möchte ich die Nutzung des PCs für den Englischunterricht schildern, um im zweiten Teil auf *e-mail*-Projekte einzugehen. Anschließend werde ich die Nutzung des Internets für den Englischunterricht vorstellen.

1. Computereinsatz im Englischunterricht

Wolff (1997: 18) unterscheidet zwischen drei großen Gruppen von Anwendungen der neuen Technologien: tutoriellen Anwendungen, Werkzeuganwendungen und Telekommunikationsanwendungen.

Bei der Werkzeuganwendung spielt die Möglichkeit der Textverarbeitung (Erstellung, Änderung, Abwandlung von Texten) sowohl für die Vorbereitung der Lehrenden als auch für die Lernenden (z. B. für die Abfassung bestimmter Textsorten wie Briefe) eine hervorragende Rolle. Gleichzeitig wird die Möglichkeit immer wichtiger, mit Hilfe des Computers auf maschinenlesbare Wörterbücher, Grammatiken und *Usage*-Informationen zurückzugreifen. Die damit verbundenen Abfragetechniken können dem Benutzer Informationen schneller und detaillierter zur Verfügung stellen, als es durch reines Nachschlagen möglich ist.

Tutorielle Anwendungen entsprechen im Unterricht der Lernersoftware. Der Einsatz kann Individualarbeit, Gruppenarbeit oder Frontalunterricht im Klassenverband betreffen.

Die Erfahrungen haben gezeigt, dass die Erstellung eigener Lernprogramme sich wegen des unvertretbaren Zeitaufwandes verbietet. Die Lehrenden sollten daher auf die auf dem Markt befindlichen Programme zurückgreifen und sie auf Einsatzart und -ort überprüfen.

Zur Überprüfung der Programme ist eine Einschätzung nötig, welche Lernziele sie anstreben. Die Lehrenden müssen sich entscheiden, ob sie die Programme von einem Computer als Großprojektion für alle Schülerinnen und Schüler mit dem laufenden Klassenunterricht verbinden wollen oder ob sie mehrere Computer zur Gruppen- oder zur Individualarbeit einsetzen können und möchten.

CALL-Programme lassen sich nach verschiedenen Kriterien klassifizieren. Zunächst gibt es lehrwerkabhängige und lehrwerkunabhängige Programme.

Die lehrwerkabhängigen Programme gehören wie andere (optionale) Bestandteile zum Lehrwerk und folgen dessen Aufbau. Ein Vorteil dieser Programme besteht darin, dass der Lehrer oder die Lehrerin die vorkommenden Vokabeln, die grammatischen Strukturen und die sprachlichen Funktionen nicht ergänzend prüfen muss, da ihre Verwendung auf das Lehrbuch abgestimmt ist. Die meisten dieser Programme haben jedoch den Nachteil, dass sie wenig flexibel sind und nicht sehr von den Übungen des Lehrbuchs oder der *workbooks* abweichen.

Der Vorteil der lehrwerkunabhängigen Programme liegt darin, dass sie den Schüler oder die Schülerin mit neuen Situationen konfrontieren und insofern zu Beginn motivationsfördernd wirken können. Sie haben jedoch den Nachteil, dass sich der Lehrer oder die Lehrerin bei ihrem Einsatz genau über die unbekannten Wortschatzelemente und grammatischen Strukturen informieren muss, um die Programme angemessen vorbereiten und einsetzen zu können.

Eine weitere Klassifizierung ist diejenige nach *authoring programs* und *dedicated programs*. Bei *dedicated programs* sind der Inhalt und Ablauf unveränderlich festgelegt. Hierbei kann meist keine Veränderung bezüglich der Lernziele und der Reihenfolge der Lernschritte vorgenommen werden.

Authoring programs dagegen erlauben es, ein vorgegebenes Raster so auszufüllen, dass Inhalte sowie Lexik und Grammatik flexibel an die Bedürfnisse der Lernenden angepasst werden können. Dazu sind keine Programmierkenntnisse erforderlich.

Schließlich unterscheiden sich die Programme nach ihrem Inhalt und Aufbau. Man unterteilt hierbei im Allgemeinen vier Programmtypen: Vokabelprogramme, Grammatikprogramme, Textrekonstruktionsprogramme und Simulationsprogramme.

Bezüglich des Einsatzes ist die erste Forderung, die an alle Programme zu stellen ist, diejenige der Benutzerfreundlichkeit. Es kann nicht verlangt werden, dass Lehrende und Lernende viel Zeit zum Studium komplizierter Anleitungen aufwenden. Daher sollten nur solche Programme ausgewählt werden, die einfach zu starten sind, deren Handhabung während der Benutzung durch das Programm selbst in der Fremdsprache erklärt wird und aus denen jederzeit ein einfacher Ausstieg möglich ist.

Vokabelprogramme sind daraufhin zu überprüfen, ob das Programm zwischen Fehlern im Bereich der Orthographie und Fehlern im Bereich der Bedeutung unterscheiden kann. Vor allem bei älteren Programmen gibt es vielfach nur eine richtige Antwort, so dass in diesen auch korrekte, aber vom Programm nicht vorgesehene Lösungen als Fehler gedeutet und bewertet werden. Gelegentlich werden Vokabelgleichungen aufgestellt, die den Kontext nicht mit berücksichtigen. Dem heutigen situativen Anspruch gemäß sollen Wortschatzelemente aber in die Zielsprache integriert und in einem typischen Verwendungsrahmen präsentiert werden. Leider werden eine Reihe von Vokabelprogrammen diesem Anspruch nicht gerecht. Außerdem wird das Prinzip der Einsprachigkeit immer wieder verletzt.

Reine Grammatikprogramme sind daraufhin zu überprüfen, ob die Terminologie einheitlich ist, ob alle in Frage kommen, richtigen Lösungen akzeptiert werden und ob die Fehlerkorrekturen einschließlich der erklärenden Hinweise angemessen sind. Insbesondere bei Grammatikprogrammen besteht die Schwierigkeit, alle in Frage kommenden Fehlertypen zu antizipieren. Eine rein negative oder unklare Antwort wirkt demotivierend auf die Lernenden.

Textrekonstruktionsprogramme zielen auf die Ausbildung integrierter Fähigkeiten. Sie sind von *cloze-procedures* abgeleitet: Aufgabe der Lernenden ist es, vorgegebene Lücken (z. B. jedes n-te Wort in einem Text) auszufüllen. Es kann aber auch der gesamte Text rekonstruiert werden. Die Fähigkeit der Textrekonstruktion steht in enger Beziehung mit der allgemeinen Sprachfähigkeit. Die Textrekonstruktion erfordert lexikalische Kenntnisse, grammatisches Wissen und ein gut entwickeltes Inhaltsverständnis. Deshalb hat sich dieser Programmtyp besonders bewährt. Das Programm *English Coach* wird in diesem Zusammenhang sowohl von Rautenhaus als auch von Olberding (1998) gelobt.

Textrekonstruktionsprogramme beschränken sich nicht auf die Satzebene, sondern beziehen sich auf einen größeren Textzusammenhang. So können die Schülerinnen und Schüler bei der Rekonstruktion des Textes satzübergreifende Einsichten in die Struktur des fremdsprachlichen Textes gewinnen. Sie lernen u. a. dabei (meist unbewusst), Funktionswörter von lexikalischen Wörtern zu unterscheiden und die Häufigkeiten von lexikalischen Elementen und grammatischen Strukturen sowie deren Bezug zur jeweiligen Textsorte zu erkennen.

In der Idealform sind diese Programme *authoring programs*. Die Lehrenden können nach Vorgaben des Programms ohne eigene Programmierkenntnisse den Inhalt verändern (z. B. durch eigene Texteingabe oder Veränderung des Schwierigkeitsgrads) und die Aufgabenstellung so an die Bedürfnisse ihrer jeweiligen Lerngruppe anpassen.

Rautenhaus (1998: 17) erwähnt in diesem Zusammenhang den Einsatz von Konkordanzprogrammen im Unterricht:

> Ausgangspunkt für den Einsatz eines Konkordanzprogramms kann das sprachliche Phänomen sein, das gerade Gegenstand des Unterrichts ist oder werden soll; die Schülerinnen und Schüler formulieren eine Hypothese, welche sprachliche Formen sie zu finden erwarten und testen diese Erwartung an dem Bildungsprinzip, das sie in der Konkordanz tatsächlich vorfinden. Dies kann in Einzelarbeit, in Partnerarbeit, in Gruppen - arbeitsteilig oder arbeitsgleich - oder auch im Gespräch mit dem Lehrenden geschehen. Aus den in den Konkordanzen gelieferten Beispielen und ihren Kontexten werden die Regularitäten beobachtet, klassifiziert und generalisiert.

Aus dem Zitat wird deutlich, dass hierbei nicht nur unterschiedliche Sozialformen zur Anwendung kommen können, sondern auch das Sprachbewusstsein (*language awareness*) der Schülerinnen und Schüler gefördert wird. Auch Legenhausen 1997 hat Konkordanzprogramme erfolgreich im (Grammatik)unterricht eingesetzt.

In Simulationsprogrammen müssen sich die Lernenden in eine bestimmte Situation versetzen, in der sie sprachliche Handlungen vollziehen. Hier wird vor allem der pragmatischen Komponente Rechnung getragen, aber auch lexikalische und grammatische Verstöße können durch diese Programme korrigiert werden. Die Lehrenden sollten allerdings den Umfang der vom Programm geleisteten Fehlerkorrektur beachten.

Simulationsprogramme kommen wohl dem kreativen Umgang mit Sprache und der geforderten Einbettung der Sprache in einen Situationszusammenhang am nächsten. Die Lernenden müssen sich in Rollen versetzen, in denen sie bestimmte Entscheidungen zu treffen haben. Simulationsprogramme sind meist als Gruppenaufgaben konzipiert, wobei die Teilnehmer die Lösungen mündlich vor dem Bildschirm beraten. Die Programme sind oft sehr motivationsfördernd und ermöglichen autonomes Lernen und die selten realisierte Schüler-Schüler-Interaktion. Allerdings ist bei Gruppen mit derselben Muttersprache zu bedenken, inwieweit das Prinzip der Einsprachigkeit beachtet werden kann. Außerdem werden in letzter Zeit Simulationsprogramme zunehmend kritisiert: "So-tun-als-ob" (Wolff 1997: 24) ist eben nicht authentisch. Hier kann die Nutzung von *e-mail* Abhilfe schaffen.

2. *E-mail* im Unterricht

Durch die Möglichkeiten, die das *internet* bietet, sind neue Lernformen entstanden. So arbeiten heute bereits einige Schulen mit der *e-mail*, mit deren Hilfe sie Partnerschaften zu anderen Schulen im Ausland aufbauen. In Deutschland wurde im April 1996 die Initiative "Schulen ans Netz" durch die Deutsche Telekom und das Wissenschaftsministerium gestartet. Im Gegensatz zum traditionellen Englischunterricht, in dem i. a. Kommunikation simuliert wird, weil die realen anderssprachigen Kommunikationspartner fehlen, die eine Unterhaltung in der Fremdsprache erst zu einer authentischen sprachlichen Begegnung machen würden, wird mit *e-mail* eine echte Kommunikation mit *native speakers* der zu erlernenden Fremdsprache möglich, wenn auch nur auf schriftlichem Wege. Dieser reale Kommunikationsaustausch hat sich als stark motivationsfördernd erwiesen, und die Lehrenden können im Idealfall moderierend in den Hintergrund treten.

So ist die ursprüngliche Verdammung des Computers als stupide Lernmaschine einer positiven Einschätzung seiner Werkzeugfunktion gewichen. Wolff, der schon früh fremdsprachliche Texte von seinen Schülerinnen und Schülern am Monitor herstellen ließ, bemerkt dazu: "Der Computer kann Verarbeitungs- und Lernprozesse bewusst machen und damit die Wissenskonstruktion fördern, er kann Ordnungshilfen bereitstellen und damit den Wissenskonstruktionsprozess transparenter machen, und er kann schließlich aufbereitete Informationen bereitstellen und damit dem Lerner die Organisation seines Wissenskonstruktionsprozesses erleichtern" (Wolff 1996: 65).

Elektronische Kommunikation mit Partnerklassen in anderssprachigen Ländern bietet daher eine Bereicherung des traditionellen Sprachunterrichts. Aber nicht nur die Textproduktion ist gefragt, sondern auch die Rezeption authentischer Texte von den Kommunikationspartnern. Daher sind *e-mail*-Texte zwangsläufig anders als die didaktisierten Texte der Lehrbücher. Diese Texte enthalten oft viel detailliertere und vor allem aktuellere landeskundliche Informationen, als Lehrwerke bieten können. Sie ermöglichen daher interkulturelle Lernprozesse, wobei man vor *cultural clashes* warnen muss. Kommt es zu Missverständnissen wegen kultureller Unterschiede, muss die Lehrkraft strukturierend eingreifen.

Auf methodischer Ebene sind *e-mail*-Projekte nur mit veränderten Sozialformen und Methoden sinnvoll, da viele Aufgaben in Individualarbeit, Partnerarbeit oder Kleingruppen gelöst werden müssen. Hierdurch wird den Schülerinnen und Schülern Eigenverantwortung übertragen, sie werden zum selbstständigen und entwickelnden Lernen erzogen, und ihre Lernerautonomie wird gefördert.

Die Lernziele von *e-mail*-Projekten wurden von Susanne Müller, die ihre zweite Staatsexamensarbeit zu diesem Thema schrieb, folgendermaßen aufgestellt:

Die Schülerinnen und Schüler
- bauen eine positive Haltung zum Englischunterricht auf und erachten es als nützlich und wertvoll, sich in der englischen Sprache äußern zu können;

- erleben durch die Arbeit mit *e-mail* eine neue Unterrichtsform und haben Spaß daran, wodurch ihre Motivation gesteigert wird und sie mehr Bereitschaft zeigen, sich der Fremdsprache zu widmen;
- erfahren wirkliche, weltweite Kommunikation und werden dadurch in ihren Englischkenntnissen bestätigt bzw. erfahren ihre Grenzen;
- verbessern mit Hilfe des authentischen Materials ihre Sprachkompetenz;
- üben sich im Leseverstehen und wenden dabei Lerntechniken des überfliegenden und textverarbeitenden Lesens an;
- üben sich in der Textproduktion und verbessern ihre kommunikativen Fertigkeiten;
- üben sich im freien Sprechen und führen Diskussionen in der Fremdsprache;
- sollen befähigt werden, mit Hilfe der ihnen zur Verfügung stehenden sprachlichen Mittel Redeabsichten zu realisieren, um somit auf reale Gesprächssituationen vorbereitet zu sein, ...

Diese recht heterogene Liste von Lernzielen, die sowohl Richt-, Grob- und Feinziele umfasst und sich auf die Dimensionen kognitiv, affektiv, pragmatisch und sozial bezieht, konnte von Donath 1996 anhand von konkret durchgeführten *e-mail*-Projekten bestätigt und erweitert werden. Als Beispiele seien an dieser Stelle genannt:

- Verwirklichung der Ziele im Bereich der Selbst- und Sozialkompetenz, also Lernerautonomie. Hierbei konnte vieles im Unterricht umgesetzt werden, dessen schulische Vermittlung als notwendige berufliche Qualifikation gefordert wird.
- *e-mail*-Projekte können sogar mit der Lehrbucharbeit verknüpft werden.
- Mit der überzeugenden Motivationssteigerung geht ein sprachlicher Lernzuwachs einher.
- Grammatikarbeit kann organisch mit einem *e-mail*-Projekt verknüpft werden, z. B. *indirect speech, if-clauses, will-future* und *passive*. Grammatik hat hier wirklich die immer geforderte dienende Funktion.
- Wortschatzarbeit kann geleistet werden, z. B. *Let me introduce myself - describing what people look like.*
- Interkulturelle Lernprozesse werden gefördert, z. B. dass man seine Ansichten höflicher vertreten sollte (stilistische Unterschiede).
- Entwicklung von Arbeitstechniken, wie das Benutzen eines deutsch-englischen Wörterbuchs.

Bei den meisten durchgeführten Projekten ergab sich ein Zeitdefizit, so dass projektorientiertes Arbeiten mit mehreren zusammengelegten Stunden oder an einem Fachtag sinnvoller ist, als einzelne Unterrichtsstunden.

Der einzige Nachteil von *e-mail* ist die zunächst ausschließliche Schulung der schriftlichen Fertigkeiten. Eine anschließende mündliche Diskussion ist daher von den Lehrenden zu leisten. Ich stimme daher Heike Rautenhaus zu, die feststellt, "dass der Einsatz von *e-mail* eine außerordentlich sinnvolle Ergänzung zum traditionellen Fremdsprachenunterricht darstellt" (Rautenhaus 1993: 42).

3. *Internet* im Englischunterricht

Gedächtnispsychologen sagen, "das Gedächtnis arbeitet multimodal", also visuell, akustisch und kinästhetisch, weshalb sollte man dann nicht auch Multimedia im Unterricht einsetzen?

Neben der oben ausführlich diskutierten *e-mail* gibt es noch eine Reihe von *newsgroups* und Suchprogrammen im *internet*, die sich auch für den schulischen Einsatz nutzen lassen. Ob bestimmte *newsgroups* für den unterrichtlichen Einsatz geeignet sind, müssen die Lehrenden in bezug auf ihre jeweilige Lerngruppe selbst entscheiden. Vor allem müssen sie ihre Schülerinnen und Schüler vor rechtsextremistischen oder pornographischen *newsgroups* warnen.

Seit Februar 1995 bietet die Hamburger Körber-Stiftung zusammen mit dem Goethe-Institut Chicago "Das Transatlantische Klassenzimmer" als Diskussionsrunde im Internet für Klassen, Schülergruppen und einzelne Schüler an, um einen deutsch-amerikanischen Dialog zu aktuellen Themen zu ermöglichen. Eine Teilnahme an diesem Projekt macht sicherlich unterrichtlichen Sinn.

Die Lernziele sind ähnlich wie bei den oben beschriebenen *e-mail*-Projekten: selbstständiges, eigenverantwortliches, autonomes Lernen; Förderung von Schüler-Schüler-Aktivität, interkulturelles und interdisziplinäres Lernen, mögliche Anbindung an das benutzte Lehrwerk, Weiterentwicklung von Wortschatz- und Grammatikkenntnissen, landeskundliche Informationen, u. v. a. m.

In der im Januar erschienenen *Praxis des neusprachlichen Unterrichts* befindet sich eine Rezension von Donaths Buch *Internet und Englischunterricht* von Martin Lichte (1998: 106). Auch er lobt die Möglichkeit für den Fremdsprachenunterricht, mit Hilfe des *Internets* "aus der 'Kreidezeit' in das Computerzeitalter fortzuschreiten", warnt aber ebenso vor übergroßem Enthusiasmus. Als Hauptvorteile erwähnt Lichte die Anschaulichkeit und Lebendigkeit des Unterrichtens mit diesem Medium. Besonders hervorgehoben werden produktorientiertes Arbeiten der Schülerinnen und Schüler untereinander, die Möglichkeit von Recherchen in Nachschlagewerken und die Förderung von individuellen Lernfortschritten.

Einige Schulen sind auch schon dazu übergegangen, eigene HTML-Seiten (*HyperText Markup Language*) im *internet* zu erstellen. Allerdings muss man bei dieser Bildschirmarbeit auch davor warnen, dass sich die Schülerinnen und Schüler vor dem Monitor in der Muttersprache miteinander verständigen.

Alle diese Möglichkeiten machen den Computer zu einem immer wichtigeren Werkzeug für die Fremdsprachenlehrerinnen und -lehrer, für die Schülerinnen und Schüler und für den Unterricht. Er ersetzt den Menschen jedoch nicht.

Abschließend beantworte ich daher die eingangs gestellte Frage mit einem klaren "Jein", denn gerade in unserer hochtechnologisierten Welt, die auch teilweise ihren Niederschlag im Unterricht findet, ist die Bedeutung der Lehrenden besonders evident geworden - nicht nur als Pädagogen und Erzieherinnen, um der immer mehr um sich greifenden Gewalt an unseren Schulen zu begegnen, sondern auch als Wissensvermittler/innen, die sich im handlungsorientierten Unterricht einer methodischen Vielfalt bedienen. Dabei sind die Lehrenden am erfolgreichsten, die sich so weit wie möglich vom vorgegebenen Lehrwerk lösen. Dies soll nicht nur durch den Einsatz vielfältiger und damit auch neuer Medien geschehen, sondern auch durch einen auf die Lernenden und ihre Probleme eingehenden Einsatz der eigenen Persönlichkeit. Es ist verblüffend, wie ein einfacher Lehrervortrag (vorzugsweise frei) oder nur die Darbietung einer Anekdote aus dem eigenen Leben (wenn sie zum Thema passt) die Kinder und Jugendlichen faszinieren und motivieren können. Solcher Unterricht kann zur Folge haben, dass (wie im September nach dem Unterricht einer meiner Praktikantinnen an einer Berliner Hauptschule geschehen) ein Schüler (zu mir) sagt: "Können Sie die nicht hierlassen und den Alten mitnehmen?"

4. Literaturhinweise

Börner, W. u. a. (Hrsg.) (1996): *Der Text im Fremdsprachenunterricht*. Bochum: AKS-Verlag.

Donath, Reinhard (1996): *E-mail-Projekte im Englischunterricht*. Stuttgart: Klett.

Donath, Reinhard (1997): *Internet und Englischunterricht*. Stuttgart: Klett.

Donath, Reinhard und Ingrid Volkmer (Hrsg.) (1997): *Das Transatlantische Klassenzimmer. Interkulturelles Lernen durch Online-Projekte im Unterricht*. Hamburg: Edition Körber-Stiftung.

Kranz, Dieter u. a. (Hrsg.) (1997): *Multimedia - Internet - Lernsoftware: Fremdsprachenunterricht vor neuen Herausforderungen?* Münster: agenda.

Legenhausen, Lienhard (1997): "Grammatikunterricht einmal anders. Das Arbeiten mit Konkordanzen im Fremdsprachenunterricht." In: Kranz, Dieter u. a. (Hrsg.) (1997): 37-44.

Müller, Susanne (1995): *Der Einsatz der Datenfernübertragung (Telekommunikation/e-mail) im Englischunterricht eines F/E-Kurses, dargestellt an ausgewählten Beispielen in einer 9. Jahrgangsstufe der Kopernikus-Gesamtschule in Berlin-Steglitz*. Schriftliche Prüfungsarbeit zur Zweiten Staatsprüfung für das Amt des Lehrers mit fachwissenschaftlicher Ausbildung in zwei Fächern.

Olberding, Hermann (1998): "Spaß am ernsthaften Pauken mit Dr.K.Nickel." *Praxis des neusprachlichen Unterrichts* 45/1: 22-25.

Rautenhaus, Heike (1993): "Telekommunikation im Englischunterricht." *LOG IN* 3: 40-43.

Rautenhaus, Heike (1998): "Fremdsprachenunterricht in der Informations- und Kommunikationsgesellschaft." *Praxis des neusprachlichen Unterrichts* 45/1: 12-21.

Wolff, Dieter (1996): "Möglichkeiten des Computereinsatzes beim fremdsprachlichen Lernen mit Texten." In: Börner, W. u. a. (Hrsg.) (1996): 48-66.

Wolff, Dieter (1997): "Computer und sprachliches Lernen. Können die neuen Medien den Fremdsprachenunterricht verändern?" In: Kranz, Dieter u. a. (Hrsg.) (1997): 14-29.

Neue Lernformen im Englischunterricht
Die Effektivierung des Spracherwerbs mit externen Speichern

Antje Malycha

Lebenslanges Lernen

Eine der wichtigsten Kompetenzen, die heute in der Schule vermittelt werden, ist die Fähigkeit zum lebenslangen Lernen. Lernkompetenz oder *learning expertise* beinhaltet fachübergreifende Fähigkeiten (z. B. Fähigkeit zur adäquaten Informationsbeschaffung aus Printmedien, audiovisuellen Medien oder elektronischen Medien; Motivationstechniken; Konzentrationstechniken) und bereichsspezifische Fähigkeiten. Bei den bereichsspezifischen Fähigkeiten geht es in den modernen Fremdsprachen wesentlich um die Vermittlung von Sprachaneignungs- und Sprachhandlungskompetenz, d.h. um die Fähigkeit zur Informationsaufnahme, -verarbeitung und -abrufbarkeit auf linguistischer (Sprache: Vokabular, Grammatik, Textformate), interkultureller (Wissen über Fremd- und Selbstverstehen in kulturellen Kontexten) und methodischer Ebene.

Diese Sprachaneignungs- und Sprachhandlungsfähigkeit vermittelt sich den Schülerinnen und Schülern in fünf Bereichen, die sich mit jeweils einer Leitfrage erschließen lassen:

1. Wie verarbeite ich die Inhalte des Faches (interkulturelles Wissen, Sachwissen, literarisches Wissen), so dass sie mir in strukturierter Form auch langfristig verfügbar sind und ich sie jederzeit ergänzen oder modifizieren kann?
2. Wie erwerbe und verarbeite ich Wortschatz und Strukturen, so dass sie mir rezeptiv und produktiv auch langfristig verfügbar sind und ich sie jederzeit ergänzen oder modifizieren kann?
3. Wie kann ich die Methoden des Faches zur Textrezeption und -produktion so nutzen, dass ich a) eine jederzeit abrufbare Hilfe bei der Analyse von Texten und b) prozedurales Wissen für die Textproduktion erhalte?
4. Wie kann ich lernerorientierte Lern- und Arbeitsorganisationsformen, Memorierhilfen, reduktive Texterschließungsverfahren, Strategien zu Hör-, Sprech-, Leseund Schreibverfahren und den Umgang mit *tools* (z. B. Internet, Nachschlagewerke, CD-Roms, Bücherei, Mediothek) u. a. erlernen und dadurch meine Sprachkompetenz erweitern?
5. Was muss ich in der schriftlichen und mündlichen Kommunikation beachten, damit ich meine Kommunikationsabsicht kontext- und adressatengerecht realisieren kann?

Globale Kommunikationsfähigkeit

Lebenslanges Lernen verlangt Kompetenzen, die exemplarisch am Englischunterricht veranschaulicht werden können. Anders als andere moderne Fremdsprachen erfreut sich der schulische und außerschulische Englischunterricht weltweit einer ungebrochenen Nachfrage, was nicht zuletzt auf die neuen Kommunikationsmedien, in denen weltweit bis zu 85% Englisch gesprochen wird (Internet), die ökonomische, wissenschaftliche, ökologische und z. T. kulturelle Globalisierung, Migrantenbewegungen und auf den Euro zurückzuführen ist, dessen Einführung Englisch auch in Europa zur gemeinsamen Sprache, wenn auch zunächst nur in den Büros der Finanzriesen gemacht hat. So hört man an der Deutschen Börse Frankfurt Deutsche, Engländer, Franzosen oder Italiener eine gemeinsame Sprache sprechen, Englisch. Der sprachliche Schmelztiegel der Europäischen Einheit ist Englisch.

Globale Kommunikationsfähigkeit beinhaltet, dass der Sprecher über hervorragende Sprachkenntnisse verfügen muss. Um sich auf Sprecher verschiedener Kulturbereiche flexibel einstellen zu können, muss der Kommunikationsfähigkeit heute ein beträchtliches Maß an interkulturellem Bewusstsein zugrunde liegen. Je nach Situation, Sprecher und Anliegen müssen immer wieder neu geeignete Kommunikationsstile eingesetzt werden, und der Sprecher muss sichere und schnelle Entscheidungen über Registernuancen (z. B. Vereinfachung des Vokabulars in einer multinationalen Sitzung, um sprachlich weniger kompetente Partner nicht zu bevormunden), stilistische Feinheiten (z. B. Einsatz argumentativer Stilelemente, situationsadäquater Redemittel) und Textformate (z. B. Wie fasse ich zusammen? Wie gebe ich ein Statement ab? Wie überzeuge ich?) treffen und überprüfen können.

Unterschiedliche Lernleistungen

Die Leistungen von Schülerinnen und Schülern hinsichtlich ihre Fähigkeiten in den Bereichen Sprache, Wissen und Methodik klaffen aber oft weit auseinander. Etwa 30 bis 40% der ungleichen Lernleistungen, so weiß man heute, sind dabei auf Unterschiede in der Lernorganisation zurückzuführen (Keller 1997).

> Das Ausmaß dieser Unterschiede beruht also zu einem Großteil auf der unterschiedlichen Fähigkeit, neue Informationen – z. B. eine neue grammatische Regel, Wortschatz, Arbeitstechniken – in bereits vorhandene sprachliche, wissensspezifische oder methodische Verarbeitungssysteme einzubauen. Je ausgeprägter diese Fähigkeit, desto besser können bestehende Konzepte ergänzt, korrigiert, systematisiert, überprüft oder vereinfacht und auch abgerufen werde. (Malycha 1997)

Learner expertise im Englischunterricht

Der Englischunterricht musste sich also etwas einfallen lassen, um die an ihn gestellten Anforderungen, wie z. B. hervorragende Sprachkenntnisse, sensible interkulturelle Kommunikationsfähigkeit, selbstständige sprachliche Erschließungs- und Verarbeitungskompetenzen, erfüllen zu können. Er hat es in Form eines neuen Lehrwerks[1] getan, das den Königsweg der *learner expertise* gegangen ist und methodenorientiertes Arbeiten in konsequenter Form mit der Anleitung zur selbstständigen Lern- und

Arbeitsorganisation verbunden hat. Vom ersten Tag an lernen die Schülerinnen und Schüler, sprachliches und inhaltliches Wissen, fachspezifische Methoden der Textarbeit, Lern- und Arbeitstechniken sowie Erschließungshilfen für die Vokabel- und Grammatikarbeit systematisch zusammenzustellen und in Form eines individuell aufbereiteten externen Arbeitsspeichers, eines *file* abzulegen und zu sichern. Der *file* kann ein Ringorder[2] sein, eine Kartei oder eine HTML-Datei mit Hyperlinks. Er ist eine motivierende, lernerbezogene Dokumentation der unterrichtlichen Progression und des eigenen Lernfortschritts.

Funktionen des *file*

Die traditionelle Arbeit mit dem Lehrbuch wird heute immer häufiger ergänzt durch Projektarbeit, offene Unterrichtsformen (z. B. Wochenplan, *unit plans*, Freiarbeit), Werkstattunterricht, Unterrichtsgänge und durch neue Medien (Computer, Internet). Der Anteil der Eigenverantwortlichkeit der Schülerinnen und Schüler ist sehr viel größer geworden, doch oft sind sie den methodischen Anforderungen an solche Arbeitsformen nicht gewachsen und arbeiten planlos und impulsiv. Es fehlen brauchbare Anleitungen zur Textproduktion oder zur Wortschatz- und Grammatikarbeit.

Gerade hier unterstützt die Arbeit mit dem *file* die notwendige Befähigung der Schülerinnen und Schüler zum selbstständigen, eigenverantwortlichen und planvollen Arbeiten. Der *file* ist

1. Dokumentation über die Lernfortschritte und die im Unterricht erarbeiteten Ergebnisse. Die Schülerinnen und Schüler erfahren ihre Kompetenz und identifizieren sich mit ihrem Produkt, was sich in der Regel in ordentlicher Gestaltung und Vollständigkeit niederschlägt. Nach spätestens einem Schuljahr werden die vollen Abteilungen in einen Aktenordner ausgelagert und kontinuierlich einmal im Jahr vervollständigt. Dieser Aktenordner steht während der gesamten Sekundarstufe I zu Hause zur Verfügung und dokumentiert eindrucksvoll die Lernfortschritte und Ergebnisse von sechs Jahren unterrichtlicher Arbeit.

2. ein systematisches Ablagesystem. Die Lernenden werden von Anfang an mit Formen der strukturierten Informationsverarbeitung vertraut gemacht, sie gewöhnen sich an gegliederte Darstellungen, arbeiten mit Ober- und Unterbegriffen, kategorisieren nach Gruppen (z. B. Wortklassen, Strukturen), folgen methodisch einfachen und klaren Schritten (z. B. bei der Textproduktion) und gewinnen Sicherheit im Umgang mit Verfahren der Informationsverarbeitung (lineare und vernetzte Darstellungen, Diagramme, Tabellen, Raster).

3. eine "Sicherungsdiskette". In der Regel wird ein zusätzlicher *file* für die Arbeit im Klassenzimmer erstellt (es empfiehlt sich ein vierwöchentlicher Wechsel der Verantwortung einer Schülerin oder eines Schülers). So können neue Schülerinnen und Schüler oder neu in der Klasse eingesetzte Kolleginnen und Kollegen schnell einen Überblick gewinnen und kranke Schülerinnen und Schüler ihre Unterlagen auf dieser Grundlage vervollständigen. Außerdem gewinnt die Funktion des *file* als Sicherungsdiskette dann an Bedeutung, wenn Lehrbücher wegen der Gesetze zur

Lehrmittelfreiheit nur ausgeliehen und nach einem Jahr wieder eingesammelt werden.
4. ein Nachschlagewerk. Die Lernenden können jederzeit Informationen abrufen. Haben sie z. B. die Aufgabe, die Antwort auf einen Problembrief zu schreiben, so können sie in der Abteilung *texts* nachschlagen, wie ein solcher Brief geschrieben wird und welche Schritte sie dabei beachten müssen, und in der Abteilung *vocabulary* reaktivieren sie die hierfür nötigen Wendungen. Müssen sie einen *report* schreiben, können sie neben den Instruktionen zum Textformat und zu dem Wortfeld auch noch in der Abteilung *grammar* nachschlagen, um Formen des *past simple* zu wiederholen. Für die Unterrichtenden stellt dies eine willkommene Entlastung in der Unterrichtsvorbereitung dar, da sie nicht bei jeder Unterrichts- oder Hausaufgabe das didaktische Rad neu erfinden müssen.

Die Arbeit mit dem *file*

Am Beispiel des *file* als Ringordner möchte ich nun erläutern, wie Schülerinnen und Schüler damit arbeiten können. Der *file* wird in verschiedene Abteilungen (*sections*) unterteilt, die den Bereichen des Unterrichts entsprechen. Eine Abteilung besteht aus mehreren linierten Seiten und einem Deckblatt.

Grammar. Hier werden neue Strukturen, die im Unterricht eingeführt, an der Tafel gesammelt und besprochen wurden, systematisch festgehalten, es werden Regeln erarbeitet und Memorierhilfen und Lerntips ergänzt (vgl. Rampillon 1985, Rampillon 1996). Eine kurze Demonstrationsübung kann sich anschließen. (Abb. 1)

Vocabulary. Hier werden elementare Techniken des Vokabellernens festgehalten, Zeitraster für Vokabelwiederholungen erstellt, die Arbeit mit der Lernkartei, mit Aufnahmegeräten oder dem Computer in Schritten knapp erläutert, Vokabelbilder erstellt, *picture dictionaries* gemalt und beschriftet, Vokabelnetzwerke demonstriert, Worttreppen und –skalen aufgebaut, Redemittel nach Sachgebieten zusammengestellt u. a. (Abb. 2)

Text production. Hier werden rezeptive und produktive Kenntnisse der Textproduktion in Form von Textkarten festgehalten. Außerdem finden sich hier zusammenfassende Raster zu Texterschließungsverfahren (Abb. 3). Ferner werden die von den Lernenden produzierten Texte hier abgelegt.

Lern- und Arbeitstechniken. Hier finden sich alle Lern- und Arbeitstechniken in Form einer individuellen Anleitung wieder. Das Schülerbuch *Learning English – Password Green* gibt detaillierte Schülerinstruktionen für eine Vielzahl von sehr brauchbaren Techniken (Klasse 5/6: *Note taking, labelling things, organizing information, listening and reading comprehension techniques, etc.*; Klasse 7: *Speaking/Listening/ Writing/Reading/Grammar/Vocabulary Strategies*; Klasse 8: *Fast reading strategies, using a dictionary, joining in discussions*; Klasse 9: *Listening to the radio, improving a written text, interpreting, informal discussions, class debates, etc.*; Klasse 10: *Understanding and responding to factual and fictional texts, etc.*).

Information. Hier halten die Schülerinnen und Schüler an Beispielen aus dem Unterricht exemplarisch fest, in welcher Form Informationen festgehalten werden können (lineare Mitschrift oder vernetzte Darstellung; Exzerpte, Diagramme, Tabellen, Raster usw.).

Scrapbook. Dies ist eine optionale Abteilung der Schülerinnen und Schüler, die sie kreativ und persönlich gestalten (Abb. 4).

Hausaufgaben. Es ist denkbar, dass die Lernenden eine eigene Abteilung für Hausaufgaben eröffnen. Diese hat den Vorteil, dass die schriftlichen Produkte alle übersichtlich in einem Ablagesystem verwaltet werden. Es ist aber möglicherweise nachteilig, dass der Ringordner dann sehr schnell voll wird.

Zu Beginn der Klasse 5 wird die erste Abteilung geöffnet. Dies kann z. B. eine Seite für die Abteilung *scrapbook* sein (Abb. 4). Weitere Abteilungen werden sukzessive je nach Unterrichtserfordernissen geöffnet und weitergeführt.

Die Schülerinnen und Schüler lernen bei der Arbeit mit dem *file* verschiedene Möglichkeiten kennen, die ihre Lernkompetenz fördern und mit Hilfe derer sie Informationen ordnen, ablegen und wiederfinden können. Sie können den Lernstoff besser behalten, weil sie ihn auf vielfältige Weise individuell bearbeiten. Zugleich werden ihre Denk- und Gedächtnisfähigkeiten geschult, da sie eine Flut an Einzelinformationen zu Blöcken und Unterblöcken (*chunks*) zusammenfassen, an bereits im *file* gesichertes Vorwissen anknüpfen und Schemata erweitern und Lern- und Kommunikationsstrategien bereichsspezifisch mit inhaltlichem Wissen verknüpfen.

Die Erfahrungen mit dem *file* sind ermutigend, da die Ausgestaltung den meisten Kindern großen Spaß macht und sie sehr viel mehr Zeit darauf verwenden als auf ein herkömmliches Hausaufgaben- oder Arbeitsheft.

Anmerkungen

[1] Learning English – Password Green/Red/Orange 1-5. Stuttgart: Klett 1995-1999.
[2] Ein Ringordner ist besser geeignet als ein Schnellhefter, weil neue Seiten einfacher ergänzt werden können.

Literaturhinweise

Crystal, David (1997): *The Cambridge Encyclopedia of Language.* Cambridge: University Press 2nd edition.

Ehlers, Swantje (1995): *Lerntheorie – Tätigkeitstheorie – Fremdsprachenunterricht.* München: Goethe-Institut (Standpunkte zur Sprach- und Kulturvermittlung 4).

Keller, Gustav (1997): "Das Lernen lernen – das Lernen lehren." *Deutsche Lehrerzeitung* 44. Jahrgang/9-10/97: 18 (DLZ Spezial: Lernen und Behalten).

Learning English –Password Green 1-5. Stuttgart: Klett 1995-1999.

Malycha, Antje (1997): "Die Organisation der Arbeit mit file oder folder." *close-up. Das Englischmagazin des Klett Verlags.* Herbst 1997.

Mandl, Heinz / Friedrich, Helmut F. (Hrsg.) (1992): *Lern- und Denkstrategien.* Göttingen: Hogrefe.

Rampillon, Ute (1996): *Lerntechniken im Fremdsprachenunterricht.* München: Hueber, 3. Aufl. (FORUM SPRACHE).

Rampillon, Ute (1985): *Englisch lernen. Mit Tips und Tricks zu besseren Noten.* Schülerarbeitsbuch. München: Hueber.

Rampillon, Ute / Zimmermann, Günther (1997): *Strategien und Techniken beim Erwerb fremder Sprachen.* Ismaning: Hueber (FORUM SPRACHE).

Sternberg, Robert (1985): *Beyond IQ. A triarchic theory of human intelligence.* Cambridge: University Press.

Tudor, Ian (1996): *Learner-centredness as Language Education.* Cambridge: University Press (Cambridge Language Teaching Library).

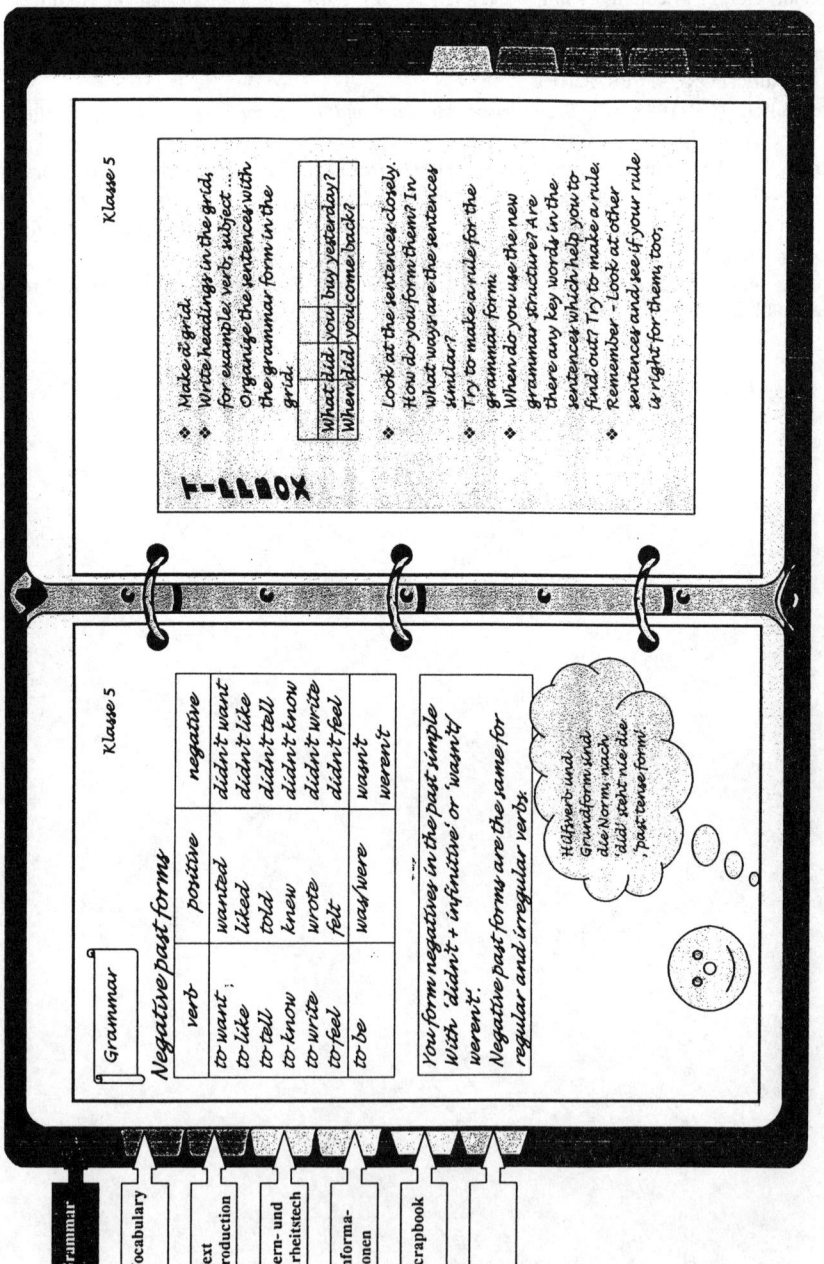

Abb. 1

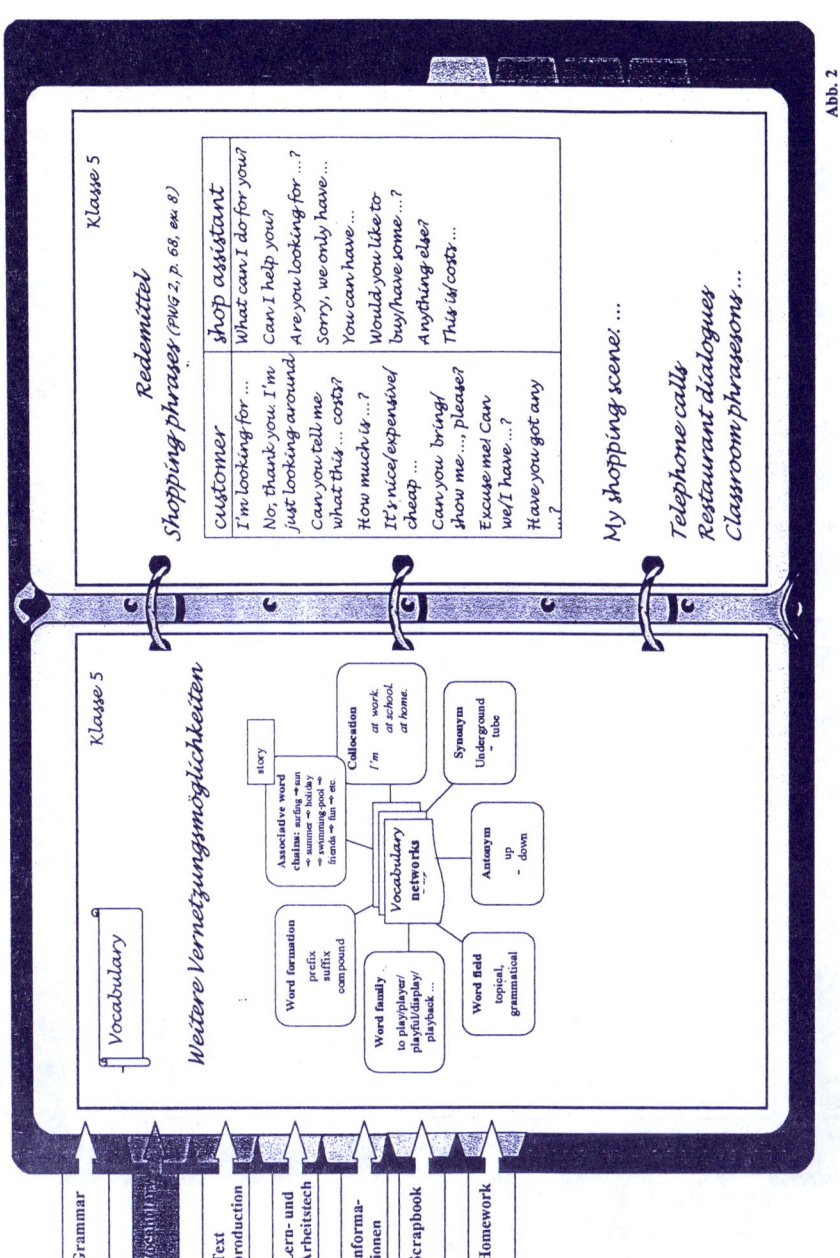

Abb. 2

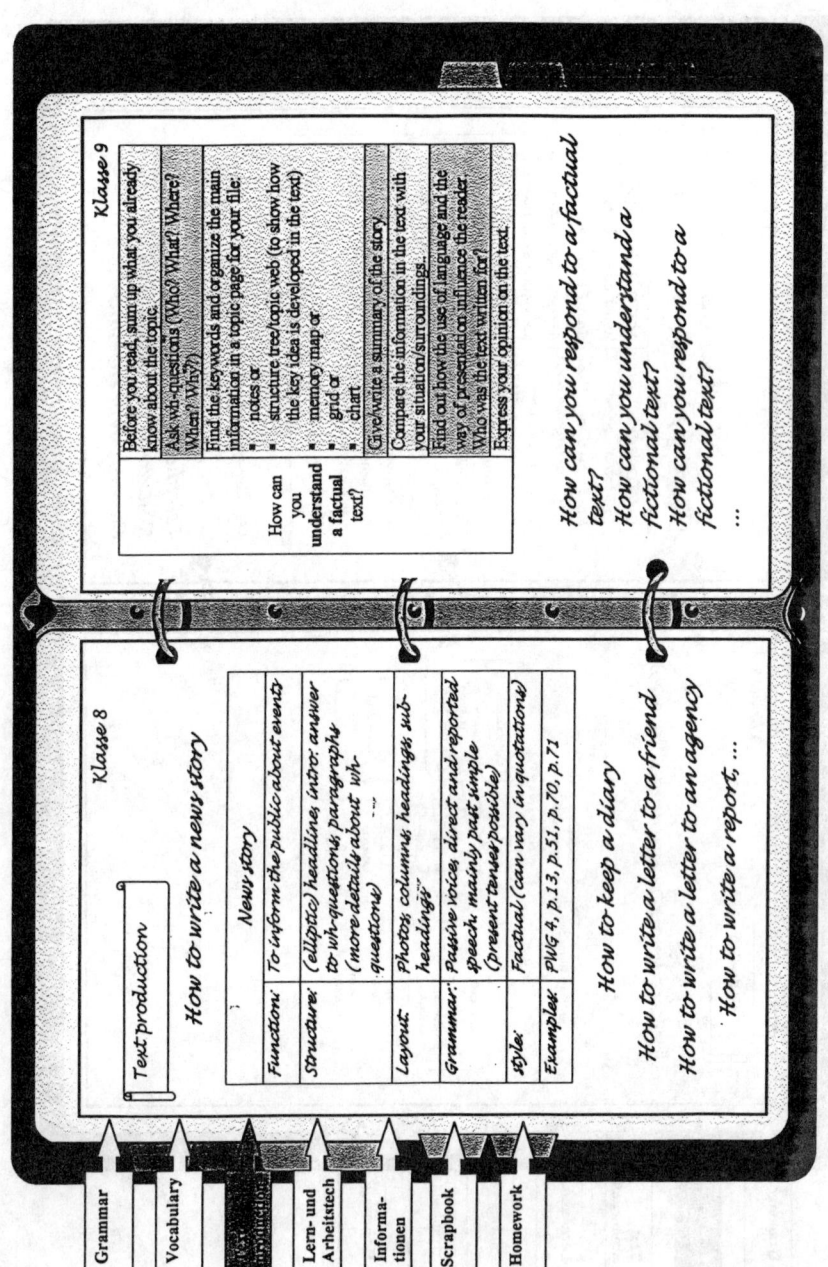

Abb. 3

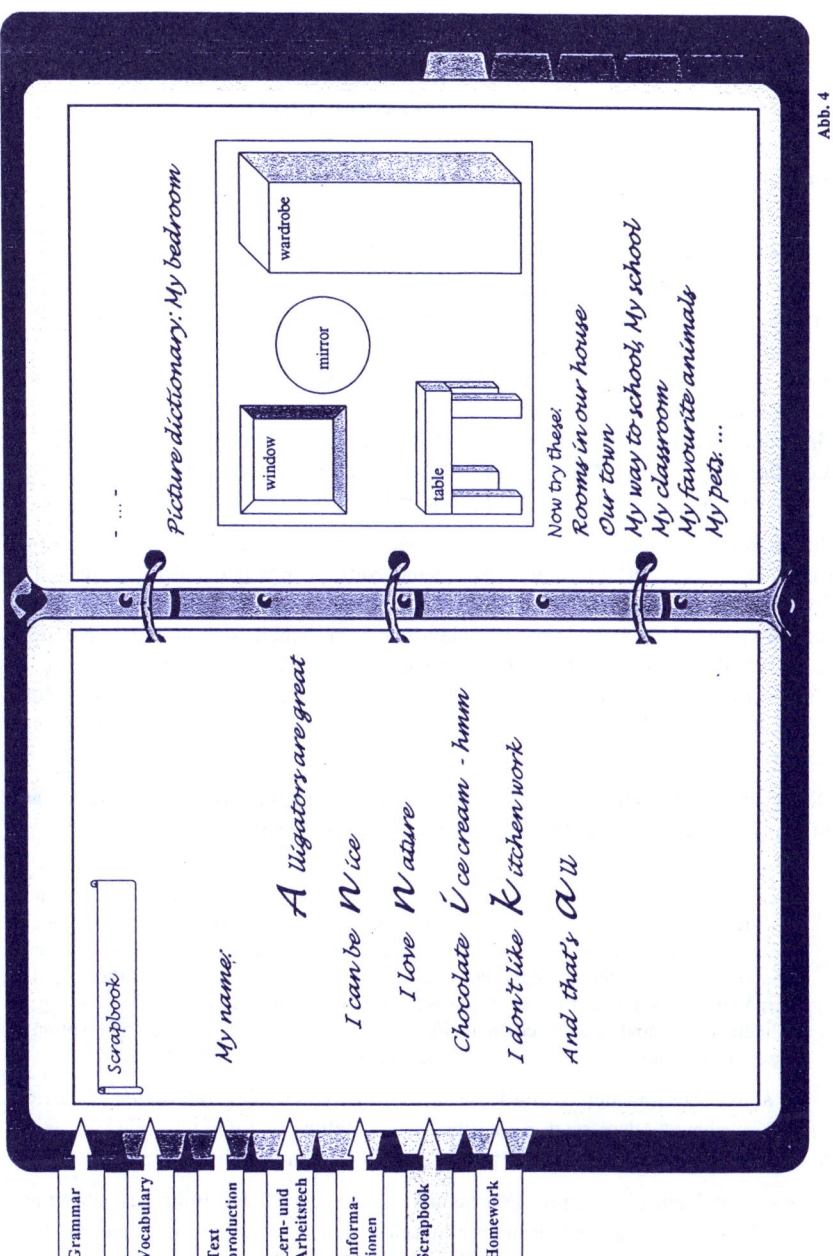

Abb. 4

Ausgewählte Medien für interkulturelles Lernen im Englischunterricht: Neuere Lehrwerke und Internet

Martina Born, Elisabeth Langer, Stefanie Metz, Astrid Reisener

1. Zum Begriff des interkulturellen Lernens

Wenn man bedenkt, dass das Fremde nicht mehr irgendwo in der Ferne ist, nicht mehr in andere, entlegene Kulturen verlagert oder projiziert werden kann, sondern unmittelbar um uns und in uns ist (vgl. Vollmer 1995: 105), dann wird einem die Notwendigkeit interkulturellen Lernens und interkultureller Kommunikationsfähigkeit bewusst. Nach House kann man interkulturelles Lernen als einen Prozess verstehen, "in dem Wissen, Fertigkeiten und Erfahrungen erworben, Einstellungen und Verhaltensweisen beeinflusst werden können und ein Sich-Bewusstwerden über die eigene und fremde Sprache und Kultur erfolgt" (House 1994: 85 f.).

Ziel dieses Prozesses ist die Entwicklung eines Verständnisses für sich selbst und die fremde Kultur durch eine aktive Auseinandersetzung mit der anderen Kultur. Das Fördern von Achtung und der Abbau von Vorurteilen, das Sich-Öffnen für andere, fremde Gewohnheiten sowie die Fähigkeit und Bereitschaft, sich in andere hineinzuversetzen, das heißt empathisches Verhalten, wird in vielen Lebensbereichen zunehmend verlangt und ist deshalb als ein wesentliches Ziel des Fremdsprachenunterrichts neben der Entwicklung von sprachlicher und kommunikativer Kompetenz zu verstehen.

Die besondere Bedeutung des Englischunterrichts im interkulturellen Kontext ist darin zu sehen, dass er die Begegnung mit "Fremden" und mit Fremdheit schafft

> und damit einen inhaltlichen und prozeduralen Aspekt hat. Inhaltlich geht es um das Erkennen und die Aneignung einer fremden Sprache, nicht (nur) als System, sondern als Ausdruck eines fremden Denkens und einer anderen Lebenspraxis (Lernen über eine andere Kultur), dabei ist der Prozess des kontrastiven Lernens, des Vergleichs, der Herausarbeitung der eigenen kulturell vermittelten Bedeutungen und (Vor)urteile und deren Vermittlung mit den neuen Positionen und Bewertungen gleichermaßen wichtig. Schließlich ist Fremdsprachenlernen als Befähigung zu interkultureller Kommunikation ein zutiefst interaktives Lernen ... ein Wirkungslernen. (Vollmer 1994: 173)

Diese aktive Auseinandersetzung kann nicht durch einen lehrerzentrierten Unterricht erreicht werden, sondern setzt mehr Eigenverantwortung und -organisation von Seiten der SchülerInnen voraus und fordert mehr Handlungsraum für die SchülerInnen.

Daraus ergibt sich die zentrale Fragestellung des vorliegenden Beitrages, ob neuere Lehrwerke diesem Anspruch an interkulturelles Lernen gerecht werden und zur Vermittlung zwischen "Eigenem" und "Fremdem" beitragen können. Darüber hinaus sollen Möglichkeiten des Umgangs mit dem Internet als Ergänzung zur Arbeit mit dem Lehrbuch gezeigt werden.

2. Neuere Lehrwerke

Aus dem Angebot aktueller, in Berlin zugelassener Lehrwerke wie: *English G 2000* (Cornelsen), *Learning English Orange New* (Klett), *Learning English Password Orange* (Klett) wurde die Lehrbuchreihe *Notting Hill Gate* (Diesterweg) ausgewählt, die Gegenstand der folgenden Analyse sein soll.

2.1 Kriterien für die Analyse

Interkulturelles Lernen sollte auf folgenden Ebenen angeregt und gefördert werden: Zum einen sollen die SchülerInnen das Vereinigte Königreich als Land kennenlernen, seine BewohnerInnen, besondere Bräuche und Feste, zum anderen sollen sie sich in den dargestellten Personengruppen wiederfinden können, um auch die Empathiefähigkeit innerhalb der eigenen Gruppe von Lernenden einzuüben und zu vertiefen.

Entspricht das Bildmaterial den Interessen der SchülerInnen? Dies ist natürlich sehr vom persönlichen und vom Zeitgeschmack abhängig, so dass Lehrbücher daran kranken, dass ihre Darstellungen recht schnell überholt sind.

Wenn Kulturkompetenz von SchülerInnen erst dann tatsächlich erfahrbar wird, wenn sie sich außerhalb des Klassenraums bewährt, stellt sich die Frage: Schaffen die Lehrwerke durch Begegnungssituationen, die die SchülerInnen auf die Wirklichkeit vorbereiten, Gelegenheiten zum (Probe)handeln?

2.2 *Notting Hill Gate* (*NHG*)

2.2.1 Längsschnitt

Das Lehrwerk *Notting Hill Gate* umfasst die Klassenstufen 5 bis 10. Ab Klasse 7 differenziert es zwischen Gymnasial- (A-Reihe) und Real- bzw. Hauptschulzweig (B-Reihe). Das Inhaltsverzeichnis jedes Bandes gibt einen Überblick über das Thema, die Situationen, Textarten, Sprechabsichten und grammatischen Strukturen der jeweiligen Lerneinheit. Die Bände enthalten zahlreiche Abschnitte zu England-typischen Gegebenheiten und darüber hinaus kulturelle Besonderheiten aus verschiedenen, insbesondere englischsprachigen, Ländern der Welt. Die SchülerInnen sollen selbst aktiv werden durch Lesen, Hören und Sammeln von Informationen. Einige Projekte werden vorgestellt, die fakultativ im Unterricht bearbeitet werden können, so dass die Handlungsebene immer wieder angesprochen ist. Hierbei werden auch moderne Medien wie Computer und Videotechnik berücksichtigt, was einen Bezug zum Alltagsleben der Jugendlichen herstellt. Am Schluss der meisten Kapitel vermittelt ein Abschnitt, "Land und Leute" bzw. *people and places* genannt, landeskundliches Wissen. Dieser Abschnitt ist ab Klasse 7 in der A-Reihe, ab Klasse 9 in der B-Reihe in englischer Sprache verfaßt. Wir schätzen den Schwierigkeitsgrad dieser englischen Abschnitte als hoch ein, da es sich um lange kleingedruckte Texte mit einer Fülle von Informationen handelt. Das Lehrerhandbuch (LHB) weist ausdrücklich darauf hin, dass "der Bezug zur Lebenswelt in der jeweiligen deutschen Umgebung ... im Klassengespräch hergestellt werden" sollte (LHB: 8). Leider sind die oft guten Ansätze und Darstellungen z. T. nur als optionale Ergänzung zum Stoff der Unit vorgesehen mit der Gefahr, sie aus Zeitmangel zu übergehen. Für die optionalen Abschnitte gibt das Lehrerhandbuch keine Hilfen. Weitere landeskundliche Informationen sind in die einzelnen Lektionen integriert.

Ein Vergleich der beiden Reihen zeigt, dass die A-Reihe mehr und längere Texte enthält, bei Bildgeschichten dagegen weitgehend auf Text verzichtet. Der Lernwortschatz ist wesentlich umfangreicher als in der B-Reihe. Die B-Reihe versieht Bildgeschichten mit Textunterschriften und enthält mehr Sprachübungen im Schülerarbeitsbuch. Zum Teil werden die SchülerInnen der B-Reihe in ihrer kognitiven Leistungsfähigkeit nicht ernst genommen, wenn landeskundliche Inhalte nur als Comic dargestellt werden und ihre Bedeutung damit unverständlich wird, z. B. im Abschnitt *Mysterious myths and legends* (Bd. 3B: 74, vgl. auch 3A: 80).

Die Gestaltung der Lehrbücher ist durchgängig sehr bunt, manchmal auf Kosten der Textübersichtlichkeit. Die Kapitel enthalten comicartige Zeichnungen, Collagen und Fotos, die auf Grund des jungen Erscheinungsdatums der Reihe aktuelle Einblicke in die Lebenswelt Großbritanniens und anderer englischsprachiger Länder vermitteln. Dazu geben die Lehrerhandbücher den Hinweis, dass die Farbigkeit den SchülerInnen ein "Lernen mit Kopf, Herz und Hand" (Pestalozzi in LHB: 5) ermöglichen soll. Die Darstellung der lehrwerksbegleitenden britischen Schülergruppe geschieht durchgängig in Comicform. Hierbei kann man feststellen, dass SchülerInnen verschiedenster Herkunft eine Rolle spielen, u. a. von den westindischen Inseln, aus Indien und aus Pakistan. Die bildliche Repräsentanz verschiedener Nationalitäten ist ein wichtiger Schritt im Hinblick auf interkulturelles Lernen und kann helfen, dass sich national heterogen zusammengesetzte Schülergruppen an deutschen Schulen im Lehrbuch wiederfinden.

Nachfolgend sollen die Abschnitte *The guided tour of Kensington Gardens* und *Housing in London* (*NHG* Bd. 3A: 46 f.) exemplarisch nach den oben genannten Kriterien untersucht und Ergänzungsvorschläge gemacht werden. Darüber hinaus spielt die Frage eine Rolle, ob die Lehrbuchreihe ihrem Anspruch, "durchgängig interkulturelles Lernen" (LHB: 5) zu verwirklichen, gerecht wird.

2.2.2 *London*

Wie bereits erwähnt wurde, bieten die Abschnitte zu *People and places* im Lehrbuch zumeist gute Ansätze und Ausgangspunkte für interkulturelles Lernen. Ein solches Beispiel findet sich auf der Seite 47 zum Thema London.

Hier wird in einem längeren Text die Wohnsituation in London beschrieben. Dies geschieht auf eine sehr kritische Art und Weise. Es werden viele Probleme und negative Aspekte bezüglich des Wohnens in London genannt. Damit wird die Metropole auch von der weniger attraktiven Seite gezeigt.

Der Text kann als Anregung genutzt werden, um die SchülerInnen über positive und negative Aspekte ihrer Stadt nachdenken und mit London vergleichen zu lassen. Dabei sollten auch kritische Anmerkungen zu beiden Städten gemacht werden. Der Text bietet z. B. die Möglichkeit, Obdachlosigkeit als internationales Problem zu behandeln.

Die Fotos auf dieser Seite zeigen typische Beispiele englischer Wohnkultur und motivieren die SchülerInnen zum Vergleich mit Bildern der eigenen Stadt. Der Text ist jedoch sehr klein geschrieben und enthält viele Details, so dass vor allem leistungsschwächere SchülerInnen bei der Informationsaufnahme u. U. Hilfe benötigen werden.

Im Text zur Wohnsituation wird ein Hinweis auf Stadtrundfahrten mit dem Bus durch London gegeben. Mehr Material dazu befindet sich auf der vorangehenden Seite, wo eine Fahrt durch *Kensington Gardens* beschrieben wird.

Die optische Gestaltung der Seite 46 erweist sich als ungünstig, da die Bilder wenig Typisches zeigen, sich überlappen und schlecht voneinander abgegrenzt sind (Abb. 1).

Der Text dazu ist der tatsächlichen Situation einer Stadtrundfahrt nachempfunden, soll damit authentisch wirken, ist aber unklar gegliedert und bietet wenig Möglichkeiten, Neues über London zu erfahren.

Diese beiden Faktoren lassen es als angebracht erscheinen, das Internet zum Auffinden weiterer Informationen und Anregungen zu nutzen. Hier finden sich neben Stadtplänen oder Karten möglicherweise auch Informationen zur Heimatstadt der SchülerInnen, die von ihnen genutzt werden können, um in Anlehnung an die Tour durch London einen Rundgang durch die eigene Stadt zu beschreiben.

3. Internet als Ergänzung zum Lehrbuch

Das Internet ist eine Fundgrube für jede Art von Informationen, die nicht immer didaktisch aufbereitet sind. Es bietet aber viele authentische und aktuelle Materialien. Eine Hilfe beim Anblick der scheinbar unendlichen Möglichkeiten können ausführliche Sammlungen für LehrerInnen geben. Eine dieser Sammlungen, die Querverweise (Links) zu landeskundlichen Themen ausgewählter Klassenstufen auflistet, hat Kurt Sester zusammengestellt (http://www.s-line.de/homepages/ sester/englisch.htm/).

Betrachtet man unser Lehrbuchbeispiel *The guided tour of Kensington Gardens*, bietet sich das Internet an, noch mehr über London in Erfahrung zu bringen. Sester führt sieben Internetseiten zum Thema London auf, die von ihm zusätzlich kommentiert sind. Schaut man sich zum Beispiel die offizielle Internetseite von London (Abb. 2) an, dann bekommen SchülerInnen und LehrerInnen einen kleinen Einblick, welche Fülle an Informationen sich ihnen hier bietet. Einerseits haben die SchülerInnen die Möglichkeit, sich Touren durch London anzusehen, Informationen über berühmte Theater, Attraktionen, Museen und Märkte zu bekommen und sich einzelne Gebiete von London auf Stadtplänen, die die LehrerInnen auch für Wegbeschreibungen nutzen können, genauer zu betrachten. Andererseits bietet diese Seite mehrere Rubriken unter dem Titel *This Week in London*, die jede Woche erneuert werden. Eine dieser Rubriken heißt *Why London is the coolest city in the world*. Sie kann den SchülerInnen

Anregungen geben, einen Artikel über ihre eigene Stadt zu schreiben. Eine andere Möglichkeit wäre es, die eigene Stadt im Internet vorzustellen. Gerade in kleineren Städten, in denen die Wahrscheinlichkeit gering ist, einen Touristen zu treffen, kann die Erstellung einer eigenen *homepage* eine gute Motivation sein, um die eigene Stadt zu präsentieren. Der Phantasie sind dabei keine Grenzen gesetzt.

Weiterhin könnte man das Thema *Housing in London* oder auch *The guided tour of Kensington Gardens* als Gelegenheit nutzen, im Rahmen eines Projektes direkt mit SchülerInnen aus Großbritannien zu kommunizieren. Einen Kommunikationspartner zu finden, dürfte keine Schwierigkeit sein, da bereits einige Anbieter existieren. In unserem Beispiel eignet sich der englische Anbieter *eduweb* (http://www.eduweb. co.uk) für ein *e-mail*-Projekt. Zum einen hat man die Möglichkeit, nach einem bestehenden Projekt zu suchen, indem man einen Fragebogen nach Alter, Thema und Stichwörtern ausfüllt. Zum anderen kann die Klasse selbst ein Projekt starten und SchülerInnen und LehrerInnen aus der ganzen Welt um hilfreiche Informationen bitten. Hierzu füllt man wiederum einen Fragebogen aus, der den Projekt-, Schul- und Kontaktnamen, die *e-mail*-Adresse, das Thema und die Altersgruppe enthält. Weiterhin sollte man eine kurze Zusammenfassung über das Thema, hier vielleicht die Frage nach den Wohngegebenheiten in Großbritannien, geben. Zusätzlich wird die Frage gestellt, was man sich mit diesem Projekt erhofft bzw. was man anderen SchülerInnen an Erfahrungen mitteilen möchte. Dieser Fragebogen soll den anderen Projektteilnehmern genaueste Informationen bieten. Zum Thema Wohnen bietet es sich an, den SchülerInnen die Aufgabe zu stellen, mit Hilfe der Informationen aus dem Lehrbuch einen Fragenkatalog anzufertigen und die eigene Wohnsituation bzw. -umgebung darzulegen. Außerdem kann man das Projekt zeitlich eingrenzen, was sehr vorteilhaft ist, da der Klasse meistens nur begrenzte Zeit zur Verfügung steht. Anschließend wird das Projekt abgeschickt. Da jedes Projekt erst einmal auf Durchführbarkeit untersucht wird, erhält man am nächsten Tag die Bestätigung, ob es akzeptiert wurde.

Zusätzlich zu der Möglichkeit eines *e-mail*-Projektes, können die SchülerInnen sich BriefreundInnen mittels *Net Pals* suchen. *Net Pals* ist ein weiterer Service von *eduweb*, der speziell für SchülerInnen zwischen 5 und 19 Jahren konzipiert wurde. Wie schon bei den *e-mail*-Projekten hat man auch hier die Wahl zwischen der Suche eines Brieffreundes oder der Beteiligung an einer Brieffreundschaftsgruppe. Während die SchülerInnen auf die ersten Ergebnisse des Projektes warten, können sie hier direkt Kontakt mit anderen SchülerInnen in unterschiedlichsten Ländern aufnehmen und sie nach deren Wohnsituation befragen. Außerdem haben sie so auch die Möglichkeit, sich selbst und die eigene Stadt dem oder der BrieffreundIn näher zu bringen. Somit ist eine authentische Kommunikationssituation gegeben, da die Kommunikationspartner entweder Muttersprachler sind oder aber Englisch als lingua franca nutzen.

Das waren nur einige Beispiele, wie man die Arbeit mit dem Lehrbuch mittels Internet ergänzen kann. Begeben sich LehrerInnen oder SchülerInnen erst einmal in den "Informations-Highway" Internet, müssen sie aufpassen, dass sie sich nicht in ihm verirren. Daher ist es ratsam, sich klare Richtlinien und Ziele (Arbeitsauftrag, Suchstrategien, Suchergebnisse und Präsentation) zu setzen. Hat man sich mit diesem Medium vertraut gemacht, stehen SchülerInnen und LehrerInnen die Möglichkeiten der detaillierten Recherche, des binnendifferenzierten Arbeitens und der real existierenden Diskussion mit anderen SchülerInnen auf der ganzen Welt offen.

Natürlich hat die Arbeit mit dem Internet auch Grenzen und kann zu Schwierigkeiten führen, da man schnell von der Aufgabe abschweifen und durch stundenlanges "Surfen" den Blick für das Wesentliche verlieren kann. Ein weiteres Manko sind zum einen die LehrerInnen, die Angst vor der Technik haben und zum anderen, diejenigen (Mathematik- und InformatiklehrerInnen), die den Computer für ihren Unterricht in Beschlag nehmen. Natürlich wird bei der ganzen Diskussion die Bereitstellung von Computern mit entsprechender Ausrüstung vorausgesetzt, was in vielen Schulen noch nicht gegeben ist.

4. Zusammenfassung

Das Lehrbuch kann nicht als einzige Wissensquelle im interkulturellen Lernprozess angesehen werden. Man sollte es vielmehr als einen wichtigen Bestandteil innerhalb dieses Prozesses verstehen und durch andere Medien ergänzen, was wir in diesem Aufsatz exemplarisch dargelegt haben.

So wurde anhand ausgewählter Lehrbuchseiten gezeigt, dass Möglichkeiten gegeben sind, um SchülerInnen mit englischen Besonderheiten, hier den Wohnverhältnissen und Sehenswürdigkeiten Londons, vertraut zu machen. Diese Informationen können einen Ausgangspunkt für den Vergleich mit eigenen landeskundlichen Gegebenheiten bilden.

Die unzureichende optische Gestaltung und Präsentation des Textes erfordert gerade bei der Darstellung von Sehenswürdigkeiten, die sich wesentlich auf aktuelles Bildmaterial stützt, ergänzende Materialien.

Wir haben gezeigt, welche Informationen aus dem Internet gewonnen werden können, um die Auseinandersetzung mit diesen Lehrbuchseiten interessanter und motivierender zu machen.

In Bezug auf die oben genannten Kriterien kann man zusammenfassen, dass die Lehrbuchreihe *Notting Hill Gate* einen Einblick in die kulturelle Verschiedenheit Großbritanniens gibt. Dieses wird durch die multiethnische Zusammensetzung der lehrwerksbegleitenden britischen Schülergruppe deutlich, was gute Identifikationsmöglichkeiten für SchülerInnen in national heterogenen Klassen bietet.

Das Bildmaterial entspricht nicht durchgängig den Interessen der SchülerInnen. Zum einen sind manche Fotos zu klein und dadurch wenig aussagekräftig, zum andern vermitteln Comicdarstellungen zum Teil falsche Vorstellungen von der Realität (vgl. *NHG* Bd. 3B: 74). Insgesamt finden sich jedoch zeitgemäße Darstellungen des Lebens in der englischsprachigen Welt.

Die Arbeit mit dem Lehrbuch kann reale Begegnungen nicht ersetzen, aber vorbereiten. Für diese Vorbereitung bietet das Lehrbuch zahlreiche Anlässe, sprachliches Handeln in authentischen Situationen zu üben. Das Internet kann das Angebot des Lehrbuches sinnvoll erweitern, indem beispielsweise durch Brieffreundschaften die Kommunikation mit MuttersprachlerInnen real erlebt werden kann.

Die vorgestellte Lehrbuchreihe zeigt, dass ein interkultureller Ansatz gegeben ist. Die Bücher ermöglichen einen Einblick in fremde Kulturen und das Reflektieren eigener kultureller Gewohnheiten vor dem Hintergrund des "Fremden". Die Möglichkeiten, welche das Lehrbuch im interkulturellen Kontext bietet, können durch umfangreiche Informationen aus dem Internet ergänzt werden und die interkulturelle Kommunikation im Englischunterricht bereichern.

5. Informationsquellen für den Englischunterricht

Clarke, David / Oldham, Peter / Preedy, Ingrid (1996): *Die 2. Fundgrube für den Englisch-Unterricht.* Berlin: Cornelsen Scriptor u. a. Kapitel 10: "Deutschland auf englisch", S. 236-269.

Clarke, David / Preedy, Ingrid (1990): *Die Fundgrube für den Englisch-Unterricht.* Frankfurt/Main: Cornelsen Scriptor.

Hölscher, Petra (Hrsg.) (1994): *Interkulturelles Lernen. Projekte und Materialien für die Sekundarstufe 1.* Berlin: Cornelsen Verlag Scriptor.

Jung, Udo O. H. (Hrsg.) (1992): *Praktische Handreichung für Fremdsprachenlehrer.* Frankfurt/Main: Peter Lang.

Amerikahaus, Hardenbergstr. 22, 10623 Berlin, Tel 030/ 31107-3, Fax -433
The British Council, Hardenbergstr. 20, 10623 Berlin, Tel 030/ 311099-0, Fax -20, email: infocentre.berlin@britcoun.de

6. Internetadressen

6.1 Adressen in Vorbereitung auf einen UK-Aufenthalt

http://www.bta.org.uk (*British Tourist Authority*)
http://www.visitbritain.com/ (touristische Informationen)
http://www.artsfestivals.co.uk (*a directory of leading professional arts festivals in the UK with 50 major festivals and 26 smaller festivals, all members of British Arts Festivals Association [BAFA]*)
http://www.whatsonstage.com (Theater in GB, incl. Kritiken, Möglichkeit zur
 Kartenbestellung, Termine, Kurzinfos zu den Stücken einzelner Autoren)
http://www.proxima13.com/cineasc/ (UK Internet Film guide incl. Kritiken,
 Altersbeschränkung der Filme, vgl. auch www.screenit.com/search_movies.html)

6.2 Internetadressen für Lehrer

http://www.english.de (nützliche Links zu englischen Web-sites)
http://www.englischlehrer.de (kostenlose *homepages* von EnglischkollegInnen,
 Diskussionsforen, Klausurbewertungen, Informationen zu Sprache, Medien, UK, USA,
 nützliche Adressen)
http://www.englisch.schule.de/ (Reinhard Donaths *homepage*: sehr informativ!!!)

http://www.s-line.de/homepages/sester-englisch.htm/ (fundierte Sammlung zu landeskundlichen Themen USA und GB von Klasse 5-13)
http://www.schulweb.de/ (Materialien für Unterrichtsvorbereitung)
http://www.tak.schule.de/ (Projektarbeit und Diskussionsforen mit amerikanischen Schulklassen)
http://www.lyrics.ch (Texte verschiedenster moderner Gruppen/ SängerInnen)
http://www.libraries.rutgers.edu/rulib/socsci/hist/amhist.html (Geschichte)
http://www.open.gov.uk (die britische Regierung online)
http://www.royal.gov.uk/ (*the official Web site of the Monarchy in Britain*)
http://www.etoile.co.uk/Royal.html (*the unofficial British Royal Family Pages*)

6.3 Internetadresse für Schüler

http://www.eduweb.co.uk (netpals: Suche nach BrieffreundInnen zu bestimmten Interessengebieten kostenlos, andere Leistungen z. T. kostenpflichtig)

Literaturhinweise

Sekundärliteratur

Bausch, Karl-Richard / Christ, Herbert / Krumm, Hans-Jürgen (Hrsg.) (1994): *Interkulturelles Lernen im Fremdsprachenunterricht.* Arbeitspapiere der 14. Frühjahrskonferenz zur Erforschung des Fremdsprachenunterrichts. Tübingen: Gunter Narr Verlag.
Bredella, Lothar (Hrsg.) (1995): *Verstehen und Verständigung durch Sprachenlernen?* Dokumentation des 15. Kongresses für Fremdsprachendidaktik. Bochum: Brockmeyer.
House, Juliane (1994): "Kontrastive Pragmatik und interkulturelles Lernen: von metapragmatischem Wissen zu kommunikativem Handeln." In: Bausch, Karl-Richard / Christ, Herbert / Krumm, Hans-Jürgen (Hrsg.) (1994): 85-93.
Vollmer, Helmut J. (1994): "Interkulturelles Lernen - interkulturelles Kommunizieren: Vom Wissen zum sprachlichen Handeln." In: Bausch, Karl-Richard / Christ, Herbert / Krumm, Hans-Jürgen (Hrsg.) (1994): 172-185.
Vollmer, Helmut J. (1995): "Diskurslernen und interkulturelle Kommunikationsfähigkeit. Der Beitrag der Pragmalinguistik und der Diskursanalyse zu einem erweiterten Sprachlernkonzept." In: Bredella, Lothar (Hrsg.) (1995): 104-127.

Lehrwerke

Notting Hill Gate Bd. 1, 2, 3A&B, 4A&B, 5A&B, 6A&B, sowie Lehrerhandbücher, Frankfurt/ M.: Diesterweg 1994-1997.

3A4 The guided tour of Kensington Gardens

Well, ladies and gentlemen, we are now driving down Kensington Road. On our left, we can see the Royal Albert Hall, famous for sport and music. On our right is Kensington Gardens, with the Albert Memorial. There's a statue of Prince Albert, Queen Victoria's husband – can you see him? In the park, behind the memorial, is the statue of Peter Pan – eh, what's that, sir? You can't hear me? Peter Pan! A statue of Peter Pan! No, we can't see it from here. Over there is the Round Pond, with ducks and a children's playground. Yes, and that's Kensington Palace. No one home today. Behind the Palace is Kensington Palace Gardens, with beautiful embassy buildings ...

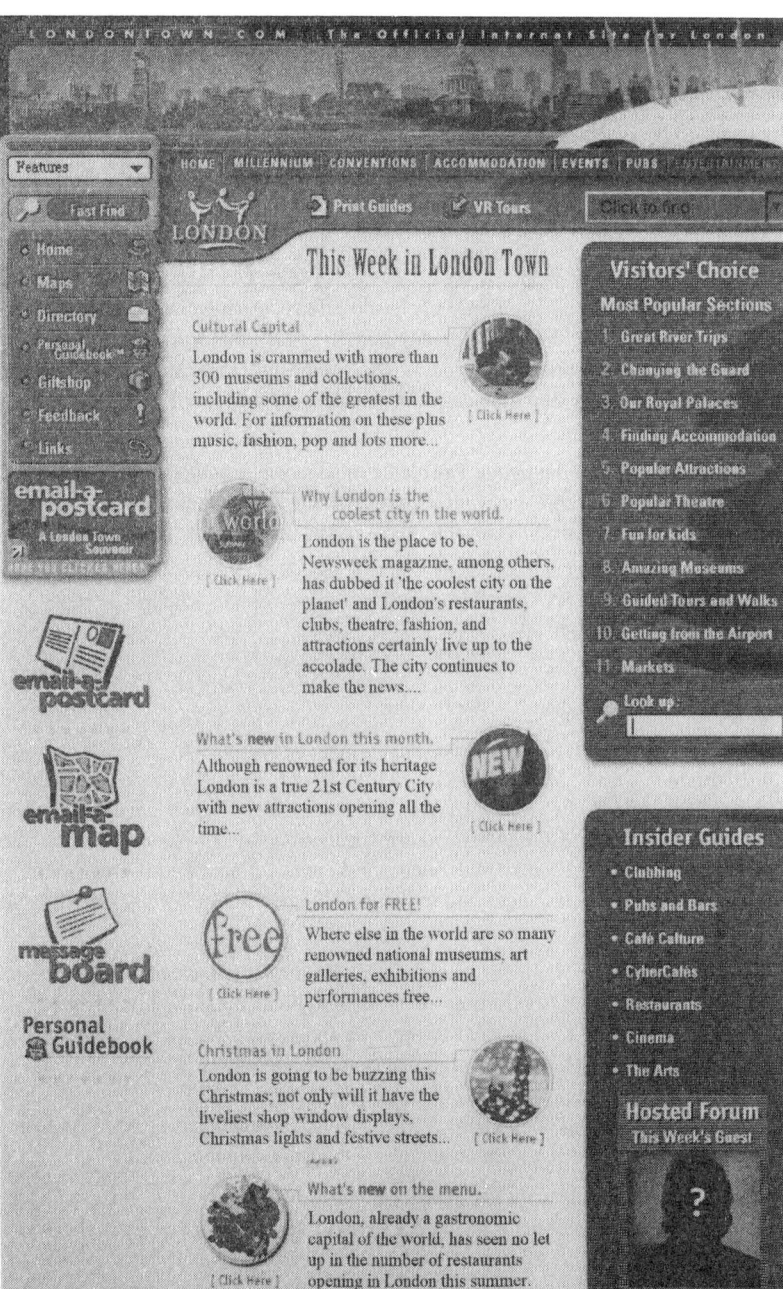

Thesen zum Fremdsprachenunterricht der Zukunft

Werner Bleyhl

It is so easy to make learning to read difficult.
(Frank Smith 1978)

1. Was Frank Smith in seinem immer noch sehr lesenswerten Büchlein über das Lesen ausgeführt hat, gilt leider auch für das Lernen einer Fremdsprache in der Schule. Sowohl Sprache als auch der Prozess des Fremdsprachenlernens sind von einer **Komplexität, die das Bewusstsein nicht aufdröseln und auch nicht linearisieren kann**.

2. **Didaktogene oder pädagogene Probleme**, also hausgemachte Probleme durch das Lehren, entstehen, wenn wir - im Bestreben, die Komplexität leichter faßbar zu machen - Sprache "abstrahieren", d.h. loslösen aus dem Kontext des Lebens.
   Beispiel aus einem Lehrbuch: "Setze ein *he's* oder *his*."
   Beispiel aus einem Schülerheft, Anfangsklasse, Gymnasium, Schuljahr 1998/99:
to be	Beispielsatz	sein
	sein Auto	*be car*
she		sie
	sie gehen	*she is going*

3. Eine Fremdsprachendidaktik, die nach dem traditionellen Prinzip vorgeht: *"präsentieren - üben lassen - produzieren lassen"*, verfolgt die unökonomische Devise: "**Eile mit Weile**" (Bleyhl 1994). Ein solcher dem Lerner gegenüber zutiefst misstrauischer Unterricht (das Samenkorn wird immer wieder aus dem Boden gezogen, um zu sehen, ob es auch Würzelchen bekommt) erlaubt dem Lerner nicht, die neuen Sprachphänomene intern und in ihrem Gebrauch in der Welt sorgfältig genug abzugleichen.

4. Das menschliche Gehirn als 'Ergebnis' der Evolution ist jedoch mit einer erstaunlichen (und auf Tritt und Schritt unter Beweis gestellten) Flexibilität ausgestattet, die auch mit sprachlicher Komplexität fertig wird. Es braucht nur Zeit. Es scheint sogar einen "**angeborenen Lehrplan**" für die Sprachen (Corder) zu haben: Wenn ein neues Sprachphänomen diesem Lehrplan entsprechend 'noch nicht dran ist', in der Schule aber gelehrt und auch geübt wurde, scheint es nach kurzer Zeit vergessen zu werden. Das ergibt die "Energielöcher" des Fremdsprachenunterrichts.

5. Der Alternativ-Vorschlag wäre folgender: Man verfahre auch im schulischen Fremdsprachenunterricht mehr nach dem **Prinzip des natürlichen Spracherwerbs**, der **nichtlinear** verläuft und zwar nach dem Prinzip (Lewis 1993): "*beobachten-Hypothesen bilden - ausprobieren*". Das bedeutet, dass den Lernern weit **mehr**

Sprache angeboten wird, als sie selbst produzieren sollen. Dadurch kann der Unterricht viel lernerbezogener und interessanter werden.
Wie behandelt man aber das Problem: Leistungsmessung?
Vorschlag: Im ersten Lernjahr erfolgt keine Benotung von in der Fremdsprache Geschriebenem der Schüler. (Was nicht heißt, dass die Schüler nicht selbst schreiben dürfen. Sie sollen ruhig experimentieren - und mit den Modellen vergleichen.) Sie können sich ruhig auch mündlich in der Fremdsprache artikulieren. Nur: Zeugnisse werden allein von ihren Verstehensleistungen der (gesprochenen wie bald auch der geschriebenen) Fremdsprache gemacht. Macht (1998: 368 f.) hat hier eine klare Hierarchie der Möglichkeiten vorgelegt. Die ersten beiden würden im ersten Lernjahr genügen: Nonverbale Reaktion (Ankreuzen etc.) und punktuelle sprachliche Reaktion (*yes/no* etc.). (Nebenbemerkung: Der TOEFL-Test als Nachweis der Studierfähigkeit an amerikanischen Universitäten ist weitgehend ein reiner Verstehenstest.)

6. Der Fremdsprachenunterricht sollte sich von seiner bisherigen selbst auferlegten geistigen Fessel befreien, die in der Gleichung: Rezeption = Produktion besteht und besagt, das, was eingeführt wird, muss auch gleich geübt und gekonnt/produziert werden. - Nein! Unser rezeptives Sprachvermögen ist allemal größer als unser produktives. - Die **Prognose** sei gewagt:

- Ein Unterricht, der den neuen Phänomenen erst die **Inkubationszeit** der Rezeption erlaubt, ehe er zur Produktion herausfordert, bedeutet **weniger Energieaufwand für die Lehrer** (die allerdings einsprachig unterrichten, d.h. Sprache in erster Linie funktional benützen sollten). Der Druck auf die Lehrer wäre geringer, die mittel- und langfristigen Ergebnisse wären besser.
- Ein solcher Unterricht bedeutet auch weniger Energieaufwand für die Schüler, denen viel mehr Freiheit zuteil werden könnte, ihren Interessen entsprechend fremdsprachige Texte zu lesen. Die Lernstrategien, mit denen etwa Studenten aus fremdsprachigen Texten die für sie relevanten Informationen herauslesen, könnten schon in der Schule genützt werden. (Studenten der Naturwissenschaften, die stoffbezogen einfach mehr englische Texte lesen müssen, können besser Englisch als Anglistikstudenten, die eben nicht so viel lesen [Block 1994]).

Konkrete Vorschläge für ein Unterrichten in diesem Sinne bietet Ziegesar (1992), wobei mir dort die Produktionsphase zu früh kommt. Sie sollte noch mehr hinausgeschoben werden.
Wenn die notwendige Inkubationszeit mehr berücksichtigt würde, d.h. wenn dem Schüler eine längere Rezeptions- und Beobachtungsphase für neue Sprachphänomene eingeräumt würde, könnte der Schüler bei seinem Prozess des Sprachenlernens weit mehr unterstützt werden.

Literaturhinweise:

Bleyhl, Werner (1994): "Eile mit Weile oder warum der traditionelle Fremdsprachenunterricht nicht effektiver ist." *FMF Landesverband Baden-Württemberg, Mitteilungsblatt* 7: 46-52.

Bleyhl, Werner (1998): "Selbstorganisation des Lernens - Phasen des Lehrens." In: Timm, Joh.-Peter (Hrsg.) (1998): 60-69.

Block, Russel (1994): "Computer-Englisch zwischen Fach- und Umgangssprache." *Zielsprache Englisch* 24/3: 24-29.

Lewis, Michael (1993): *The Lexical Approach. The state of ELT and a way forward.* Hove: Language Teaching Publications.

Macht, Konrad (1998): "Aufgaben als Bewertungsinstrumente." In: Timm, Joh.-Peter (Hrsg.) (1998): 366-377.

Timm, Joh.-Peter (Hrsg.) (1998): *Englisch lernen und lehren - Didaktik des Englischunterrichts.* Berlin: Cornelsen.

Ziegesar, Detlef und Margaret von (1992): *Einführung von Grammatik im Englischunterricht.* München: Ehrenwirth.

Lehrwerke und ihre Alternativen

Brigitte C. Wilhelm

Die Diskussion um die Vermittlung moderner Fremdsprachen und einen effektiven Lernprozess bleibt auch nach diesem Fremdsprachendidaktischen Kolloquium weiterhin aktuell.

Die Frage ist: Was hilft dem Lehrenden / Was hilft dem Lernenden bei seiner Fremdsprachenvermittlung / bei seinem Fremdsprachenerwerb grundsätzlich oder am besten? Der Schwerpunkt bei der Thematik der Podiumsdiskussion lag auf **Lehrwerke und ihre Alternativen.**

These 1 *Language awareness* **- im Sinne von Bewusstmachung von Sprache und deren Kognitivierung - wird nicht durch ein Lehrbuch bewirkt.**

Für den Fremdsprachenerwerb werden unterschiedliche Dimensionen von Zielvorstellungen vorausgesetzt, die beim Lehrenden in der Planung berücksichtigt werden, um beim Lernenden den gewünschten Erfolg zu erreichen:

Die affektive Dimension

Die Einstellung des Lernenden zur Fremdsprache bedingt Offenheit für den Lernprozess und innerhalb dieses für die sprachlichen Phänomene. Aufmerksamkeit für Sprache muss stimuliert werden. Das Interesse für den Erwerb gilt es zu wecken. Die Sensibilität für die Wahrnehmung von Sprache gilt es zu verstärken, und Neugierde auf durch Sprache zu bewältigende Situationen ist eine weitere Grundvoraussetzung im affektiven Bereich.

LEARNING IS DONE WITH THE HEART AS WELL AS THE HEAD

Die soziale Dimension

In den innerstädtischen Schulklassen gibt es bei der Zusammensetzung der Schülerschaft eine weite Vielfalt von ethnischen Herkünften, die sich auf die Migrationsbewegungen erster, zweiter oder dritter Generation beziehen. Beim Sprachlernprozess ist zu berücksichtigen, ob die zu erlernende Sprache als erste, zweite oder dritte Sprache innerhalb eines *multicultural classroom* oder *intercultural classroom* gelernt wird. Die Erziehung zur Toleranz mit Hilfe der Sprache gehört in diesen Bereich. Die Persönlichkeitsentwicklung spielt eine entscheidende Rolle.

Die politische Dimension

In Schulbuchtexten kann ein hohes Manipulationspotential liegen. Wie kann ein Lernender darauf reagieren, wenn eine politische Beeinflussung durch ein Lehrwerk beabsichtigt ist? Wie wird diese politische Dimension erkannt und bewältigt?

Die kognitive Domäne

Dieser Bereich ist der am ehesten durch ein Lehrwerk zu unterstützende. Hier werden sprachliche Zusammenhänge mit Hilfe einer einheitlichen Diktion einsichtig gemacht. Der Bau/Aufbau von Sprache, deren Struktur und die damit einhergehenden Regularien wurden herausgearbeitet und für den Spracherwerb strukturiert. Grammatische Zusammenhänge werden verdeutlicht und erkennbar gemacht.

Die *performance domain*

Kommunikationsfähigkeit ist das allgemeine Ziel für jeden Fremdsprachenerwerb. Ist das Wissen über Sprache notwendig, und wenn diese Frage bejaht wird, inwieweit ist das Wissen über Sprache notwendig, um das Ziel KOMMUNIKATION zu erreichen? Die o. g. Zielvorstellungen sind Grundlagen in mehr oder weniger ausgeprägter Form, die (wie genannt) in einem Lehrbuch berücksichtigt werden können, aber hier auch ihre deutlichen Grenzen haben.

These 2 Fremdsprachliches Lesen im Unterricht führt zu dem MYTHOS: "Schüler lesen doch so gerne laut".

Hierbei gilt es zu berücksichtigen, dass Lehrbuchtexte primär nicht als Lesetexte konzipiert sind. Lehrbuchtexte sind Sprachmaterial, das neue Lexik und neue Strukturen transportiert. Im Anfangsunterricht in einer Fremdsprache gibt es im Lehrbuch erzählende Texte und Dialoge. Dieses Material gaukelt jedoch nur mündliche Sprache vor, weil darin Charakteristika von mündlicher Sprache enthalten sind.

Lautes Lesen ist eine Kunst, bei der der Vortragende sich um die besonders ausdrucksvolle Wiedergabe eines Textinhaltes bemüht. Das Bemühen geht daher in die Richtung, in hohem Maße Artikulation und Intonation korrekt zu gestalten. Der Textinhalt (AWARENESS) muss beim Vortrag deshalb dem Vortragenden nicht näher kommen oder verständlich werden.

Leises Lesen gilt es zur Informationsentnahme aus den Texten zu üben (in der Sek. I verstärkt als *scanning – skimming – note taking*). Der ganzheitliche Textzugang ist zu bevorzugen. Den nicht bekannten Wörtern gegenüber ist eine Toleranz einzuräumen, wenn der Textzusammenhang und das Gesamtverständnis insgesamt hergestellt werden können.

PEOPLE LEARN TO READ BY READING , NOT BY DOING EXERCISES

Unter Leseübung wird hier tatsächlich verstanden, Wortbetonung, Sinnsegmente und Intonationskurven in der praktischen Durchführung zu verdeutlichen.

These 3 Ein Lehrbuch ist etwas, was den Sprachunterricht strukturieren hilft, seine Flexibilität einengen kann und seine Lebendigkeit verhindert.

Das Curriculum ist die allumfassende Vorgabe für den Fremdsprachenunterricht und wird weitgehend in den Lehrplänen/Rahmenplänen aufgenommen und umgesetzt. Hier geht es um die staatliche Vorgabe für Lehrinhalte und deren gesetzliche Verankerung.

Die Konzeption für einen Fremdsprachenunterricht und die dazu zu entwickelnden Lehrbücher, -werke geht ganz allgemein aus einer Weltebene, einer europäischen Ebene und einer Landesebene hervor.

Bei der Entwicklung der Konzeption für ein Lehrbuch kommen zu diesen genannten Ebenen noch die redaktionelle Ebene des Schulbuchverlages, die Schul(ort)ebene und (wie auch schon in These 1 angesprochen) die Klassenebene.

Der Lehrplan in seiner Konzeption umfasst eine gesamtgesellschaftliche und eine wirtschaftliche Bedarfslage. Die Bedürfnisse der Lehrenden als auch der Lernenden sind einzubeziehen.

Wenn ein Schulbuchverlag ein neues Lehrbuch plant oder die Überarbeitung der jahrelang existierenden und im Unterricht verwendeten Bücher bzw. Materialien ansteht, regelt die Schulbuchzulassungsverordnung das gesetzlich Zulässige.

Innovationsbemühungen für eine zeitgemäße Bildungspolitik gilt es an dieser Stelle für einen aktuellen Fremdsprachenunterricht mit aktuellen Materialien (z. B. Büchern, Folien, *workbooks*, Filmen, Kassetten, CD-Rom) einzuplanen.

Die Experten in der Fachdidaktik und in der Fachwissenschaft unterstützen oder bilden hier idealerweise die Fachteams der Buchverlage. Autorenideen sind an dieser Stelle der Planungsabläufe notwendig, gefragt oder geboten. Ein weiterer Planungsaspekt ist die Konkurrenzfähigkeit am Markt. Wenn wenig Geld für Neuausstattungen in den Schulen zur Verfügung steht, gilt es festzustellen, ob ein aktualisiertes Lehrwerk/Lehrbuch Aussicht hat gekauft und eingesetzt zu werden. Mit dieser Überlegung gekoppelt ist die Finanzierbarkeit einer solchen Planung.

Bis zu dieser Stelle sind noch keine Schwerpunkte für eine Konzeption gesetzt worden. Für die Konzeption gilt die Überlegung den inhaltlichen, methodischen und gestalterischen Entscheidungen. Der Umfang für ein Lernjahr oder einen Lehrgang, das jeweilige Anspruchsniveau ist festzulegen.

Für die Konzeption ist ferner zu berücksichtigen, ob es ein zusätzliches Begleitbuch (Lehrerhandbuch, extra Lesebuch, Grammatikheft etc.) geben soll. Wird ein *workbook* mit/ohne extra Grammatik gestaltet? Welche Materialien zur Freiarbeit werden auf jeden Fall benötigt? Sollen Kontrollaufgaben für die Hand des Lehrers/des Schülers entwickelt werden? Sind CDs, Kassetten, Computersoftware, Videos, Wandposter,

Handpuppen, Lernspiele, Wörterbücher (integriert oder extra) notwendig? Welche Lektüre kann darüber hinaus eine Ergänzung oder Grundlage bilden?

Bei dieser soeben aufgestellten These wird deutlich, welche zeitlichen Verzögerungen bei der Planung und Konzeptionsentwicklung für ein neues aktuelles Lehrbuch zwangsläufig entstehen, die nicht zur Flexibilität und zum Nutzen als auch zum Benutzen eines Lehrwerkes im Kontext eines kommunikativen Fremdsprachenunterrichts beitragen.

These 4 Das Lehrbuch hat eine Stützfunktion.

Ein Lehrbuch hilft im Fremdsprachenunterricht beim Gliedern z. B. der grammatischen Schritte. Einzelschritte des Unterrichts bauen aufeinander auf und stützen somit die Lehrprogression. Dennoch hat das Lehrbuch eine Zwangsfunktion. Es bildet in vielen Fällen den (UN)HEIMLICHEN Lehrplan. Basierend auf den *Units* wird das Lehrbuch zum Strukturplan des Unterrichts.

Die oben genannte zeitverzögernde In-Kraft-Setzung eines Lehrbuches kann den Konflikt zwischen Rahmenplananspruch und Lehrwerkangebot und dadurch hervorgerufener zeitlicher Inaktualität bedingen. Eine Diskrepanz zwischen Anspruch und Wirklichkeit im unterrichtlichen Handeln entsteht.

Zusammenfassend wird hier darauf hingewiesen, dass Lehrwerke/Lehrbücher immer noch und immer wieder einen sehr großen Schwerpunkt für die Unterrichtenden haben. Die Stützfunktion ist eindeutig. Die Zwangsfunktion wird vielfach erst wahrgenommen, wenn eine entstandene Starrheit sowohl in zeitlichen Unterrichtsabläufen als auch in organisatorischer Einseitigkeit eine größere Flexibilität in der Praxis des Fremdsprachenunterrichts be- oder verhindern.

Abschließend wird bemerkt, dass die Fremdsprachenkompetenz nicht durch ein Lehrbuch erworben wird. Einseitiger Materialeinsatz verhindert ein qualitativ akzeptables und aktuelles Fremdsprachenlernen als auch den Erhalt oder die Steigerung der Motivation für die Lernenden.

Literaturhinweise:

Finkbeiner, C. (1998): "Bedarfs- und Bedürfnisfelder sprachlichen Handelns." In: Timm, J.-P. (Hrsg.) (1998): 22-28.
Gnutzmann, C. / Kiffe, M. (1998): "Language awareness und Bewusstmachung auf der Sekundarstufe II." In: Timm, J.-P. (Hrsg.) (1998): 318-327.
Hermes, L. (1998): "Leseverstehen." In: Timm, J.-P. (Hrsg.) (1998): 229-236.
James, C. / Garrett, P. (Hrsg.) (1992): *Language awareness in the classroom*. London: Longman.
Timm, J.-P. (Hrsg.) (1998): *Englisch lehren und lernen*. Berlin: Cornelsen.

Zehn Thesen zur Bedeutung des Lehrwerks im Spanischunterricht

Rainer Jahn

Mit den vorliegenden Thesen möchten wir den Themenkomplex "Lehrwerk und Fremdsprachenunterricht" aus der Perspektive einer noch im Aufbau befindlichen Didaktik einer kleineren Schulsprache beleuchten. Auf die Wiederholung von Aspekten, die im Rahmen des Kolloquiums bereits in anderen Beiträgen zur Sprache kamen, soll dabei weitgehend verzichtet werden. Dies bedeutet keineswegs, dass etliche dieser Aspekte nicht auch für den Spanischunterricht relevant wären.

1. Zunächst sei daran erinnert, dass Spanisch an deutschen Regelschulen vor allem als dritte oder vierte, in letzter Zeit zunehmend auch als zweite Fremdsprache unterrichtet wird; (bilinguale) Schulversuche mit der Eingangsfremdsprache Spanisch sind quantitativ vernachlässigbar. Für die erstgenannten Lehr- und Lernkontexte lagen bis vor einigen Jahren keine zielgruppenspezifischen Lehrwerke vor, für bilinguale Modelle fehlen sie heute noch, sowohl in den Sachfächern als auch im Spanischunterricht.

2. Den vielfältigen, u. a. sprachen-, schul- und hochschulpolitischen Ursachen für diese im Unterricht "kleinerer" Sprachen mit weltweit z. T. 400 Millionen Sprechern (Spanisch) keineswegs ungewöhnliche Materialienlage kann an dieser Stelle nicht nachgegangen werden. Es sei jedoch angemerkt, dass die wissenschaftliche Großwetterlage bis vor einigen Jahren Forschungsarbeiten zu den Spezifika des Tertiärsprachenunterrichts nicht unbedingt begünstigte (Universalismus-Hypothese), eine entsprechende Fachdidaktik an den Universitäten institutionell kaum verankert ist, der relativ kleine Markt Schulbuchverlage nur begrenzt interessiert und öffentliche Einrichtungen der Lehrerfort- und weiterbildung offenbar nicht in der Lage sind, das Angebot an Lehr- und Lernmaterialien im Fach Spanisch zu erweitern.

3. Bis vor nicht allzulanger Zeit standen Spanischlehrkräfte daher vor der Entscheidung, ob sie sich die von den Didaktiken anderer Fremdsprachen z. T. propagierte Lehrwerk-Phase im Anfängerunterricht trotz zielgruppenunspezifischer Lehr-/ Lernmaterialien zu eigen machen, mit den vorhandenen Lehrwerken äußerst flexibel umgehen (Baukastenmodelle, Steinbruch-Metapher etc.) oder ganz auf sie verzichten sollten. Empirische Untersuchungen zur tatsächlichen Arbeit mit dem Lehrwerk im Spanischunterricht liegen unseres Wissens nicht vor. Dies kann angesichts der in der Spanischdidaktik bestehenden vielfältigen Desiderata und der zum Lehrwerk-Einsatz im Fremdsprachenunterricht noch offenen Forschungsfragen nicht überraschen. Es scheint uns dennoch plausibel anzunehmen, dass ein heute auch konstruktivistisch begründbarer, auf das Lehrwerk als Lehrplanersatz verzichtender inhaltsorientierter Spanischunterricht einen nicht unerheblichen Anteil am (relativen) Aufschwung des Fachs in den letzten Jahren gehabt haben dürfte.

4. Eine eher thematische Auslegung des Spanischunterrichts erfordern allein schon die Charakteristika der Schülerschaft. Bekanntlich handelt es sich um heterogene Lerngruppen von Jugendlichen und Erwachsenen mit voll entwickelten kognitiven Fähigkeiten und intellektuellen Interessen sowie - nicht nur - im Unterricht anderer (Fremd-)Sprachen erworbenen deklarativen und prozeduralen Wissensbeständen. An diese Spezifika anknüpfende didaktisch-methodische Überlegungen sind seit langem Gegenstand der Fachdiskussion zum Spanischunterricht in Deutschland, sei es in Beiträgen zu zielgruppenspezifischeren Lehrwerken, zu früher sprach- und themenbezogener Textarbeit oder zur bewussten Berücksichtigung und Förderung individueller Mehrsprachigkeit.

5. Nicht übersehen werden sollte die internationale *Didáctica del Español como Lengua Extranjera* (*E/LE*), die u. a. an spanischen Universitäten und im Kontext des *Instituto Cervantes* an Bedeutung gewinnt. Zwar bezieht diese sich naturgemäß nicht auf Lernergruppen an deutschen Schulen mit je spezifischem Sprachenwissen, sie hat allerdings in Anlehnung an Ergebnisse der internationalen Fremdsprachenforschung aufgaben- und prozessorientierte, auf Lernerautonomie zielende curriculare Konzepte, Lehrwerke und Materialien entwickelt, deren Adaptation für den Spanischunterricht an deutschen Regelschulen zu überprüfen ist.

6. Spezifische Lehrwerke für den schulischen Spanischunterricht in deutschsprachigen Ländern liegen inzwischen vor. Qualitativ bleiben sie nicht hinter den Lehrwerken anderer Fremdsprachen zurück. Das Bemühen der Autoren um die Umsetzung aktueller fremdsprachendidaktischer Ansätze wird nicht nur im lernstrategischen Bereich deutlich. Manche Lehrwerklektionen antizipieren die Öffnung des Unterrichts für außerschulische Lernszenarien durch die Angabe von Internet-Adressen, andere machen die für den Tertiärsprachenunterricht wichtigen unterschiedlichen Sprachlernerfahrungen der Schülerschaft und die Mehrsprachigkeit der Zielkulturen zum Thema. Letzteres könnte ein erster Schritt zur Überwindung strikt monolingualer und monokultureller fremdsprachendidaktischer Traditionen sein, nachahmenswert vor allem für Lehrwerke der Eingangsfremdsprachen.

7. Ein überwiegend vom Lehrwerk bestimmter Spanischunterricht wird durch die offenere Konzeption der neuen Lehrwerke zwar unwahrscheinlicher, ist aber selbstverständlich nicht auszuschließen. Auch im schulischen Spanischunterricht der Vergangenheit wird mancher Unterricht eher auf das (Volkshochschul-)Lehrwerk zentriert als lernerorientiert inszeniert worden sein, obwohl die negativen Konsequenzen für die Aneignung der Fremdsprache aufgrund der im Einzelfall fragwürdigen Qualität des Lehrwerks noch eher zu erwarten waren als in einem entsprechend strukturierten Englisch- oder Französischunterricht. Auch das neueren Lehrwerken durchaus inhärente innovative Potential kann u. E. erst dann aktualisiert werden, wenn ein die Unterrichtspraxis einbeziehender fachdidaktischer Diskurs und konkrete Maßnahmen zur Lehrerfortbildung unterstützend wirken. Beides geschieht im Fach Spanisch erst ansatzweise.

8. Lehrplänen (Rahmenplänen, Richtlinien) kommt vor diesem Hintergrund eine besondere Bedeutung zu, auch wenn wir nicht von einer direkten Beeinflussung der Unterrichtspraxis durch amtliche Dokumente ausgehen können. Die Durchsicht neuerer Spanischlehrpläne hinsichtlich ihrer Darstellung des Umgangs mit dem Lehrwerk ergibt ein extrem heterogenes Bild. In den Dokumenten spiegelt sich die ganze Bandbreite der Diskussion um das Lehrwerk im Unterricht der Langzeitfremdsprachen wider, nicht immer jedoch werden die Spezifika des Tertiärsprachenunterrichts deutlich. Während manches Bundesland offenbar von vier Jahren Lehrwerk-Arbeit selbst dann ausgeht, wenn Spanisch als dritte Fremdsprache unterrichtet wird, empfehlen andere Bundesländer inzwischen einen zeitlich eher begrenzten Einsatz dieses Mediums. Teilweise wird auch explizit auf kurseigene Materialien als Alternative zum Lehrwerk verwiesen. Vorschläge zur Einbeziehung der neuen Medien und zur Thematisierung von Mehrsprachigkeit und Mehrkulturalität sind eher noch die Ausnahme. Eine Weiterentwicklung der Lehrpläne scheint fachdidaktisch geboten.

9. Die Grenzen zwischen Lehrwerk und lehrwerkunabhängiger Textarbeit werden sich im Spanischunterricht der nächsten Jahre noch stärker verwischen als bisher. So dürfte ein kritischer, lehrwerkergänzender Einsatz der neuen Medien nicht nur die geographische Distanz zur hispanophonen Welt überbrücken helfen, sondern auch reichhaltigere Umgebungen für mehrsprachiges und mehrkulturelles Lernen schaffen. Aktuelle Themen wie die Verhaftung des chilenischen Generals Pinochet in London und die damit verbundene Diskussion um die weltweite Gültigkeit der Menschenrechte sind angemessen wohl nur kultur- und sprachgrenzenübergreifend zu behandeln. Mehrperspektivische Internet- und E-mail-Projekte bieten hierzu zahlreiche Möglichkeiten.

10. Die Förderung individueller und Bewahrung kollektiver Mehrsprachigkeit ist in zahlreichen (europäischen) sprachen- und kulturpolitischen Verlautbarungen dokumentiert. Beide Punkte sollten in Zukunft bei der Konzeption von Lernmodulen, Lehrwerken und Lehrplänen, auch im Sinne einer pro- und retroaktiven Verantwortung der (schulischen) (Fremd-)Sprachen füreinander, stärker berücksichtigt werden. Angesichts immer größer werdender Zweifel an einem ungeprüften Transfer von ausschließlich im Unterricht von Langzeitfremdsprachen gewonnenen Forschungsergebnissen und didaktisch-methodischen Empfehlungen auf den Tertiärsprachenunterricht sollten Fremdsprachenforschung und Fremdsprachendidaktik dessen Spezifika stärker in den Blick nehmen.

Literaturhinweise

Amann, Klaus et al. (1994): *Encuentros. Método de español 1*. Berlin: Cornelsen.
Bahr, Andreas et al. (1996): *Forschungsgegenstand Tertiärsprachenunterricht. Ergebnisse eines empirischen Projekts*. Bochum: Brockmeyer.
Bausch, Karl-Richard (1995): "Erwerb weiterer Fremdsprachen im Sekundarschulalter." In: Bausch, Karl-Richard / Christ, Herbert / Krumm, Hans-Jürgen (Hrsg.) (1995): 446-451.
Bausch, Karl-Richard / Christ, Herbert / Krumm, Hans-Jürgen (Hrsg.) (1995): *Handbuch Fremdsprachenunterricht*. 3. überarb. u. erw. Aufl. Tübingen, Basel: Francke.

Behörde für Schule, Jugend und Berufsbildung. Amt für Schule. Hamburg (Hrsg.) (1994): *Lehrplan für das Gymnasium. Sekundarstufe I. Spanisch.* Hamburg.

Christ, Ingeborg (1979): "Sprach- und themenbezogene Textarbeit im Spanischunterricht." *Neusprachliche Mitteilungen* 32: 167-177.

Christ, Ingeborg (1986): "Zur Lehrbucharbeit im Spanischunterricht ab Jahrgangsstufe 11: Raffung - Systematisierung - Ergänzung." *Neusprachliche Mitteilungen* 2: 84-91.

García Santa-Cecilia, Alvaro (1995): *El currículo de español como lengua extranjera.* Madrid: Edelsa.

Hedge, Tricia / Whitney, Norman (1996): *Power, Pedagogy & Practice.* Oxford University Press.

Hutchinson, Tom / Hutchinson, Eunice G. (1996): "The textbook as agent of change." In: Hedge, Tricia / Whitney, Norman (1996): 307-323.

Jaeschke, Barbara / Navarro González, Javier (1997): *Línea uno. Lehrwerk für den Spanischunterricht.* Stuttgart: Klett.

Jahn, Rainer (1998a): "Spanischunterricht im Konzept der Mehrsprachigkeitsdidaktik." In: Meißner, Franz-Joseph / Reinfried, Marcus (Hrsg.) (1998): 131-138.

Jahn, Rainer (1998b): "*Perdone, no le entiendo. No hablo catalán.* Mehrsprachigkeit in Lehrwerken für den Spanischunterricht". In: Meißner, Franz-Joseph / Reinfried, Marcus (Hrsg.) (1998): 199-205.

Kieweg, Werner (1998): "Lernprozessorientierte Kriterien zur Evaluierung von Englisch-Lehrwerken." *Der fremdsprachliche Unterricht - Englisch* 4: 27-38.

Lehrplanentwurf für Italienisch und Spanisch im Wahlpflichtbereich II (9.+10. Jg.) für Gesamtschulen in Nordrhein-Westfalen (Diskussionsstand vom 7.2.1997) als integrierter Teil des Rahmenplanes für den Fremdsprachenunterricht an Gesamtschulen.

Martín Peris, Ernesto / Sans Baulenas, Neus (1998): *Gente. Curso comunicativo basado en el enfoque por tareas.* Barcelona: Difusión.

Meißner, Franz-Joseph / Reinfried, Marcus (Hrsg.) (1998): *Mehrsprachigkeitsdidaktik. Konzepte, Analysen, Lehrerfahrungen mit romanischen Fremdsprachen.* Tübingen: Narr.

Nodari, Claudio (1995): *Perspektiven einer neuen Lehrwerkkultur: pädagogische Lehrziele im Fremdsprachenunterricht als Problem der Lehrwerkgestaltung.* Aarau, Frankfurt am Main; Salzburg: Sauerländer.

Rösler, Dietmar (1984): *Lernerbezug und Lehrmaterialien DaF.* Heidelberg: Groos.

Schleyer, Jochen (1993): "Wünsche an zukünftige Lehrwerke für Spanisch als dritte oder vierte Fremdsprache an Gymnasien (Teil 1)." *Hispanorama* 66: 145-154.

Senatsverwaltung für Schule, Jugend und Sport (Hrsg.) (1997): *Vorläufiger Rahmenplan für Unterricht und Erziehung in der Berliner Schule. Sekundarbereich I. Fach Spanisch.* Berlin.

Wolff, Dieter (1994): "Der Konstruktivismus: Ein neues Paradigma in der Fremdsprachendidaktik?" *Die Neueren Sprachen* 93: 407-429.

Zehn Thesen zum Umgang mit dem Lehrwerk

Detlev Kahl

Die im Folgenden formulierten Thesen zum Umgang mit dem Lehrwerk haben unterschiedliche Erfahrungsbereiche als Hintergrund: 30 Jahre Unterrichtserfahrung, eine fast zehnjährige Tätigkeit am Institut für Lehrerfortbildung in Hamburg und die Mitautorenschaft am Lehrwerk *Découvertes*. Die zu Grunde liegenden didaktischen Maßstäbe sind also stark von der Praxis, der Empirik, ein wenig auch von der Gestaltung bestimmt.

Noch ein Wort vorweg zur scheinbaren "Banalität" der Thesen. Sie sind bekannt, vielleicht auch "anerkannt", aber wie viele Benutzer verstehen sie richtig und wie viele halten sich daran?

1. Ein Sprachunterricht ohne Lehrwerk ist für Lehrer und Schüler zu aufwändig, im Grunde nicht leistbar und auch nicht wünschenswert.

Es gibt Gegenbeispiele. Eine Hamburger Kollegin hat knapp zwei Jahre lang in der Sekundarstufe I im Anfangsunterricht nur im Rahmen der Simulation *Immeuble* gearbeitet, also ohne jedes Lehrbuch. Sie macht es trotz bester Erfolge nicht mehr, denn auf die Dauer ist der Aufwand zu groß.

Was macht ein Schüler, der längere Zeit krank ist? Er kann anhand des Lehrwerks nacharbeiten.

Das Lehrwerk ist ein Sicherheitsgeländer, an dem alle sich fest halten können, wenn sie mal nicht besonders aufmerksam oder organisiert waren oder sein konnten - und das gilt für Lehrer und Schüler.

2. Ein Lehrwerk sollte weitgehend selbsterklärend, d.h. ohne Lehrer für die Schüler benutzbar sein.

Schulbücher sollen verständlich darstellen und den Lernern so viele Hinweise geben, dass sie sie auch ohne Lehrer verstehen können. Nur wenn ein Lehrwerk so angelegt ist, kann es die oben beschriebene Hilfestellung effizient bieten.

Ein besonderes Gewicht bekommt diese Forderung in Hinblick auf die Verwendung des Lehrwerks in den offenen Unterrichtsphasen, in denen das Lehrwerk ein Arbeitsmittel für Schüler wird. Auf diesem Weg sind die Lehrwerke der neuen Generation schon weit gediehen.

Dazu gehören z.B.:

- in den ersten beiden Bänden Anweisungen auf Deutsch und in der Fremdsprache

- alphabetische Wörterlisten mit deutscher Übersetzung für den behandelten Wortschatz des vorliegenden und der vorherigen Bände
- Grammatiktableaux einprägsam konzentriert
- deutliche Beispiele für die Übungen und, warum nicht, Lösungen für die Aufgaben für die Selbstkontrolle.

3. Das Lehrwerk darf nicht zum heimlichen oder offenen Lehrplan werden. Es bietet zwangsläufig zu viel an.

Ein Lehrwerk, das in allen Bundesländern zugelassen und verkauft werden will, muss die Auflagen von 16 verschiedenen Lehr- oder Rahmenplänen erfüllen. Das betrifft nicht nur die Grammatik, sondern auch den Wortschatz und die Inhalte. (*Découvertes* hat daraus die Konsequenz gezogen und bietet zwei unterschiedlich umfangreiche Fassungen an, die *série verte* für 14 Bundesländer, die *série bleue* für die anderen zwei.)

Schon aus dieser Struktur ergibt sich, dass ein Lehrwerk, auf die Situation in einem bestimmten Bundesland bezogen, nur Angebotscharakter haben kann. Es muss ausgewählt werden, andererseits muss es aber auch von Anfang an ergänzt werden (dazu weiter unten).

4. Nicht alle im Lehrwerk angebotenen Texte, Übungen, Redemittel, Grammatikteile müssen gleichermaßen gründlich behandelt werden. Der Lehrer setzt die Akzente, bei Teilbereichen auch gemeinsam mit den Schülern.

Wenn der Lehrer aus Erfahrung weiß, dass bestimmte Lektionstexte wegen mangelnder Schülerorientierung nicht "ankommen", warum soll er seinen Kurs da "durchquälen". Warum soll er den *accord* nach *avoir* üben, den kaum ein Schüler im zweiten Jahr Französisch versteht oder anwenden kann, wenn der einsichtige (z. B. Hamburger) Lehrplan das überhaupt nicht verlangt?

Den gewonnenen Freiraum sollte der Lehrer dazu benutzen, thematische Anregungen der Schüler aufzunehmen, die Gelegenheiten nutzen, wenn Schüler aktuelle Interessen haben. Die letztjährige Fußballweltmeisterschaft war ein Anlass, auch in einem ersten Lernjahr über Fußball zu sprechen. Wenn Gespräche über Wochenende und Ferien ein Vergangenheitstempus verlangen, spricht vieles dafür, das *passé composé* und, in Form einiger Redemittel, auch das *imparfait* eben schon im ersten Jahr einzuführen.

5. Es ist kein Problem, auch mehrere Lektionen wegzulassen. Die dort vermittelten Vokabeln und die Grammatik werden aber nicht kompakt "nachgeholt", sondern erst dann erklärt, wenn sie in späteren Texten vorkommen und dort gebraucht werden.

Der zweite Teil der These ist wichtig. Es macht wenig Sinn, Schülern die in den ausgelassenen Lektionen eingeführten Vokabeln und Strukturen losgelöst von Inhalten und Äußerungsabsichten zu vermitteln. Erst wenn die betreffende Vokabel und die Grammatik in neuen Zusammenhängen gebraucht werden, sollten sie erläutert werden.

Die Lehrwerke sind zwar progressiv aufgebaut, viele auch schon nicht nur linear, sondern in Erweiterungsschleifen, aber die einzelnen Lektionen bauen doch weniger stark aufeinander auf, als gemeinhin behauptet und geglaubt wird.

6. **Das Lehrwerk allein, auch mit einer noch so großen Peripherie, reicht nicht aus, es muss vom Lehrer erweitert werden. Die Schüler müssen von Anfang an an Texte gewöhnt werden, die über das Vokabular, die Redemittel, die Strukturen des Lehrwerks dosiert hinausgehen.**

Das Prinzip der *gezielten Überforderung* oder der *funktionalen Niveau-Überschreitung* hat im Fremdsprachenunterricht eine mehrfache Berechtigung. Nur so lässt sich verhindern, dass Schüler, die nach zwei oder mehr Jahren zum ersten Mal einen authentischen oder auch nur die Strukturen und das Vokabular des Lehrwerks überschreitenden Text vorgelegt bekommen, an jeder "unbekannten" Vokabel oder Form hängen bleiben und sehr schnell den Mut verlieren, sich überhaupt mit diesem Text auseinander zu setzen.

Wenn sie jedoch gleich zu Beginn, in einem Lernstadium, in dem eigentlich keiner verlangen kann, dass sie einen authentischen Text Wort für Wort verstehen, die Erfahrung machen, dass sie durch intelligentes Raten, durch zuerst unbewusste, dann bewusste Erschließungstechniken einen großen und wichtigen Teil herausbekommen können und dies positiv gewürdigt wird, dann werden sie Spaß an solchen Begegnungen bekommen, Ehrgeiz entwickeln, mehr herauszubekommen als sie eigentlich "dürften" und den Mut zur Lücke pflegen.

Ich habe z. B. in einer 7. Klasse, erstes Jahr Französisch, zusätzlich zu den ersten beiden Lektionen authentische Werbung eingesetzt, dann Schülerzeitschriften und ein Kinderbuch. Die Lehrwerke greifen die Pflege der Erschließungstechniken auf. *Découvertes* bietet in Band 2 einen Text, in dem bestimmte "unbekannte" Vokabeln nicht erklärt werden, die Schüler aber aufgefordert werden, sie zu erschließen. Das ist recht spät. Bis dahin kann schon eine Fixierung auf den abgeschlossenen Lernraum Lehrbuch stattgefunden haben.

7. **Lehrwerke können Anregungen für persönliche Äußerungen von Schülern und für Projekte geben. Sie sollten aber nicht zu explizit sein.**

In These 4 wird das Aufgreifen von Schülerinteressen befürwortet. In neueren Lehrwerken werden den Schülern Anregungen für die Behandlung eigener Interessen und Belange gegeben. Wenn das zu ausführlich geschieht, kann es leicht zu lehrhaft wirken und den Reiz des Persönlichen gleich ersticken. Solche Anregungen gehören ins Lehrerhandbuch oder sollten sich auf einen Hinweis beschränken.

8. Das Lehrwerk sollte das Hörverstehen fördern und schulen. Da es ohnehin von einem Tonträger für die Lektionstexte begleitet wird (diese dienen in erster Linie der Ausspracheschulung), kann es zusätzlich geeignete Texte für verschiedene Arten von Hörverstehen anbieten, die Schüler verstehen können und wollen.

Was vorher über die Gewöhnung an die Erschließung von (Lese-)Texten gesagt wurde, gilt auch für das Hörverstehen. Die Lektionstexte auf den Kassetten haben für mich eine andere Aufgabe: sie sichern (z.b. auch beim lehrerunbabhängigen Arbeiten) die richtige Aussprache, z.b. beim gleichzeitigen Hören und Lesen. Die eigentlichen Hörtexte sollten kurz sein und die Erschließungsaufforderung dadurch verstärken, dass der Text eben nicht im Buch steht. So kann man auch mal ein Stück Lektionstext nur über die Kassette/CD anbieten.

9. "Grammatikkästen" im Lernbuch können sinnvolle Gedächtnisstützen sein, "Begleitgrammatiken" sind wichtig für das offene Arbeiten mit dem Lehrwerk, beim Umsetzen von Sprachwissen in Sprachkönnen helfen aber noch am ehesten "Schülergrammatiken".

Seit dem Erscheinen der ersten Begleitgrammatiken für das Lehrwerk *Salut* sind diese immer besser, da schülerfreundlicher geworden. Dennoch sind sie zwangsläufig zu umfangreich, zu detailliert. Sie "dürfen" ja nichts weg- oder unerklärt lassen. Das dürfen "Schülergrammatiken". In ihnen darf notfalls auch etwas linguistisch "Falsches" stehen, solange es die Schüler in die Lage versetzt, meist richtige Fremdsprache zu produzieren. Ich sehe allerdings auch die Grenzen der Schülerproduktion von "Lerner-Regeln". Das Ableiten von Regeln aus einigen Beispielen überfordert viele Schüler. Ich ziehe es vor, für die mir am wichtigsten erscheinenden Strukturen die Regeln selbst noch einmal anders, meist knapper zu formulieren, sie an der Tafel im Schülergespräch entwickelnd anzuschreiben und die Schüler aufzufordern, zusätzliche, ihnen besser gefallende Beispiele zu finden.

10. Binsenweisheit und Trost zuletzt: Bei einem guten (d.h. ideenreichen und engagierten) Lehrer lernen Schüler auch mit einem schlechten Lehrwerk Französisch. Bei einem schlechten Lehrer lernen die Schüler auch mit einem guten Lehrwerk nicht genug, weil sie nicht motiviert werden. Und ein Lehrwerk, das von sich aus so motivierend ist, dass Schüler die Sprache allein lernen, halte ich für nicht realisierbar. (*Ich würde es aber gern versuchen.*)

HINWEISE

Anschriften

Abendroth-Timmer, Dr. Dagmar, Lohmühlenstr. 1, 58509 Lüdenscheid

Bleyhl, Prof. Dr. Werner, Hohenackerstr. 34/1, 73733 Esslingen

Born, Martina, Humboldt-Universität zu Berlin, Institut für Anglistik und Amerikanistik, Fachdidaktik Englisch, Unter den Linden 6, 10099 Berlin

Fäcke, Christiane, Technische Universität Berlin, Institut für Fachdidaktiken, Fachdidaktik Französisch, Franklinstr. 27/29, 10587 Berlin

Fery, Prof. Renate, Technische Universität Berlin, Institut für Fachdidaktiken, Fachdidaktik Französisch, Franklinstr. 27/29, 10587 Berlin

Jahn, Rainer, Freie Universität Berlin, Zentralinstitut für Fachdidaktiken, Fachdidaktik Spanisch, Habelschwerdter Allee 45, 14195 Berlin

Kahl, Dr. Detlev, Marienhöhe 149, 25451 Quickborn

Langer, Elisabeth, Humboldt-Universität zu Berlin, Institut für Anglistik und Amerikanistik, Fachdidaktik Englisch, Unter den Linden 6, 10099 Berlin

Malycha, Antje, Am Krähennocken 14, 58566 Kierspe

Metz, Stefanie, Humboldt-Universität zu Berlin, Institut für Anglistik und Amerikanistik, Fachdidaktik Englisch, Unter den Linden 6, 10099 Berlin

Nieweler, Andreas, Alte Bockradener Str. 29, 49477 Ibbenbüren

Raddatz, Prof. Dr. Volker, Humboldt-Universität zu Berlin, Institut für Anglistik und Amerikanistik, Fachdidaktik Englisch, Unter den Linden 6, 10099 Berlin

Reisener, Astrid, Humboldt-Universität zu Berlin, Institut für Anglistik und Amerikanistik, Fachdidaktik Englisch, Unter den Linden 6, 10099 Berlin

Röttger, Evelyn, Technische Universität Berlin, Institut für Fachdidaktiken, Fachdidaktik Deutsch, Franklinstr. 27/29, 10587 Berlin

Schrader, Prof. Dr. Heide, Marienwerderweg 5, 12587 Berlin

Tesch, Dr. Felicitas, Technische Universität Berlin, Institut für Fachdidaktiken, Fachdidaktik Englisch, Franklinstr. 27/29, 10587 Berlin

Wendt, Prof. Dr. Michael, Universität Bremen, Bibliothekstr. 1, 28334 Bremen

Wilhelm, Brigitte C., Zähringer Str. 29, 10707 Berlin

Hinweise zur Skripterstellung

Bitte beachten Sie die neuen Rechtschreibregeln.

Die Beiträge sollen (einschließlich Anmerkungen, Literaturhinweisen, Abbildungen, Anhänge) nicht mehr als 10 Seiten umfassen.

Um ein einheitliches Seitenbild zu erhalten, bitten wir um Beachtung der folgenden Hinweise:

Skriptform

Wir benötigen das Skript als Ausdruck (möglichst Laserdrucker) und als Diskette (3,5"). Betriebssystem Windows 3.1, Winword 3.2, 6, 7, 97, MS DOS Word 5.5 oder Word Perfect.

Seitenformat

Die Druckvorlage ist auf DIN A 4 Format zu erstellen (wird in der Druckerei auf DIN A 5 verkleinert). Die Seitenränder sollen oben, unten, rechts und links 2,5 cm betragen. Die Seitenzahl wird unter den Text in die Mitte der Seite gesetzt ("zentriert"). Es sind keine Fußnoten vorzusehen.

Schriftart

Es sind romanische Schriftarten zu verwenden, nach Möglichkeit *Times New Roman*. Buchtitel und fremdsprachige Begriffe im laufenden Text sollen kursiv geschrieben werden.

Die nachfolgenden Informationen beziehen sich auf die Schriftart *Times New Roman* bei Winword.

Reihenfolge, Schriftgrößen, Einrückungen, Zeilenabstände

Hauptüberschrift:	16 Pkt, nicht kursiv, fett; zentriert
Autorenname(n) (unter Hauptüberschrift):	15 Pkt, kursiv, nicht fett; linksbündig
Zwischenüberschriften:	14 Pkt, nicht kursiv, fett; linksbündig
Normaler Text:	13 Pkt; bitte keine drucktechnischen Hervorhebungen, keine Einrückungen (Ausrichtung: "Block")
Anmerkungen (hinter dem normalen Text, vor Lithinw.):	12 Pkt; Text der Anmerkungen 0,5 cm von der hochgestellten Nummerierung entfernt
Literaturhinweise:	12 Pkt, 0,5 cm hängend (ab 2. Zeile 0,5 cm eingerückt
Zeilenabstände:	– (s. unter: *Format Absatz*) im normalen Text: *genau; Maß: 16 Pkt* – bei den Literaturhinweisen und den Anmerkungen: *einfach; Maß 0* – Zwischen Absätzen: *Abstand nach: 6 Pkt*

Quellenangaben und Zitate

Zur Kennzeichnung sinngemäßer und wörtlicher Zitate im laufenden Text bitte Kurzform in Klammern verwenden, z. B.: Hingegen ist Wilding (1991a: 14) der Meinung ... Oder, wie Brugsch (2. Aufl. 1989: 165) meint: "Im Anfangsunterricht soll die Lehrkraft...". Nach verbreiteter Ansicht (vgl. Arnold 1987: 24, Klämper / Ziehl 1982: 102, Vielau 1989) wird diese Unterrichtsform ...
Diese Zitierform verhilft zur Einsparung vieler Anmerkungen!

Bitte verwenden Sie die "geraden Anführungsstriche".

Titel und fremdsprachige Zitate im laufenden Text sollen nicht in Anführungsstriche gesetzt, sondern kursiv geschrieben werden.

Längere Zitate (ab 40 Wörtern) sollen, soweit sie notwendig sind, im abgesetzten Block wiedergegeben werden: 12 Pkt-Schrift, Zeilenabstand einfach, links und rechts 0,5 cm eingerückt.

Literaturangaben (in den Literaturhinweisen)

a) *Monographie*
Nachname, Vorname (Jahr): *Haupttitel.* Ort: Verlag, 2. Aufl. (Reihe Band.)

b) *Sammelband*
Nachname, Vorname / Nachname, Vorname (Hrsg.) (Jahr): *Haupttitel.* Untertitel. Ort: Verlag.

c) *Beitrag zu Sammelband*
Nachname, Vorname (Jahr): "Titel und ggf. Untertitel des Beitrags." In: Nachname, Vorname u. a. (Hrsg.) (Jahr): 14-28.

d) *Zeitschriftenaufsatz*
Nachname, Vorname (Jahr): "Titel und ggf. Untertitel des Aufsatzes." *Name der Zeitschrift* Jahrgang/Heftnummer: 305-315.

N.B.: Bitte Vornamen ausschreiben und Verlag angeben.

Graphiken, Übersichten, Abbildungen, Fotos

sind nach Möglichkeit zu einem Anhang zusammenzustellen. Es ist möglich, Schwarz-Weiß-Fotos (Abzug) wiederzugeben; mehrere Fotos sollten aus Kostengründen auf einer Seite zusammengestellt werden.

Bitte denken Sie daran, dass die Beachtung dieser Hinweise Zeit und Kosten spart. Für weitere Fragen stehen wir Ihnen gern zur Verfügung.

Die Herausgeber

Kolloquium Fremdsprachenunterricht

Herausgegeben von Gerhard Bach, Volker Raddatz,
Michael Wendt und Wolfgang Zydatiß

Band 1   Volker Raddatz / Michael Wendt (Hrsg.): Textarbeit im Fremdsprachenunterricht – Schrift, Film, Video. Kolloquium zur Ehren von Bertolt Brandt (Verlag Dr. Kovač 1997).

Band 2   Gabriele Blell / Wilfried Gienow (Hrsg.): Interaktion mit Texten, Bildern, Multimedia im Fremdsprachenunterricht (Verlag Dr. Kovač 1998).

Band 3   Renate Fery / Volker Raddatz (Hrsg.): Lehrwerke und ihre Alternativen. 2000.